Prof. Dr. Erich Menden · Waltraute Aign

SLIM

Der neue, individuelle Schlankheitsplan

FALKEN VERLAG

INHALT

EINLEITUNG

Übergewicht bedeutet nicht nur Unbequemlichkeit und weniger „schön" zu sein, sondern gilt mit Recht auch als ungesund. Fast jeder vierte Bundesbürger möchte gerne (wieder) schlanker werden. Auch der Ernährungsbericht 1984 der Deutschen Gesellschaft für Ernährung, herausgegeben im Auftrag der für Gesundheit und Ernährung zuständigen Bundesminister, hat erst kürzlich die zunehmende Häufigkeit des Übergewichts, besonders in den Altersgruppen über 30 Jahren, zum wichtigsten Ernährungsproblem in der Bundesrepublik Deutschland erklärt. Kein Wunder, daß es ein kaum noch überschaubares Angebot an Diätbüchern mit Ratschlägen zum Schlankerwerden gibt. Verblüffend unterschiedlich und widersprüchlich sind allerdings die darin enthaltenen Empfehlungen und Rezepte, von der „Nulldiät" über „kohlenhydratreiche Körnerdiäten" bis zu „Schlemmerdiäten" mit viel Fett und dem Versprechen, blitzartig Gewicht zu verlieren und dabei fast unbegrenzt essen zu können. Es liegt auf der Hand, daß viele dieser Ratschläge und Wunderdiäten ungesund und schädlich sind, weil sie ohne Rücksicht auf ernährungsphysiologische Erkenntnisse nur auf dem Wege einer Fehl- und Mangelernährung zu trügerischen, schnellen Gewichtsabnahmen führen, denen meist ebenso schnell wieder Gewichtszunahmen folgen. Das übergroße Angebot zeigt jedoch auch, daß es offenbar kein Patentrezept gibt, das einfach ist und ohne Verlust an Lebensqualität jedermann gleichermaßen hilft.

Es bleibt die Frage: Was soll man tun, was kann man tun? Ist es überhaupt notwendig, schlanker zu werden? Ist es nur eine Modesache? Wird nicht auch behauptet, „Dicke leben länger"? Was weiß man heute darüber? Wir antworten auf diese Fragen und möchten Ihnen die Zusammenhänge zwischen Ernährung, Körpergewicht und Gesundheit nahebringen, soweit dies nach dem heutigen Stand der Wissenschaft möglich ist. Vor allem aber sehen wir unsere Aufgabe darin, Ihnen mit Hilfe eines „Schlankheitsplans mit persönlicher Note", der Ihrem Geschmack weitgehend Rechnung trägt, eine dauerhafte Hilfestellung zur Lösung Ihrer Gewichtsprobleme zu geben. Wir versprechen keine Wunder. Wir bieten Ihnen Ratschläge und Rezepte, die zunächst am Institut für Ernährungswissenschaft der Universität Gießen mit über 100 übergewichtigen Versuchspersonen in vier- bis achtwöchigen kontrollierten Versuchsreihen erprobt und anschließend in der ärztlichen Praxis, im Klinikbereich und in zahlreichen Großküchen mit Erfolg angewandt wurden. Ausgangspunkt war eine als „Brot-Diät" bekanntgewordene Reduktionskost, die unter dieser Bezeichnung im Falken-Verlag erschienen ist und ihren Namen durch den relativ hohen Brotanteil unserer Ernährungsempfehlungen erhielt. Diese Bezeichnung vermittelt jedoch allzu leicht den falschen Eindruck, man brauche nur genügend Brot zu essen, um schlank zu werden. Brot gehört dazu, aber der Mensch lebt nicht vom Brot allein!

Tatsächlich entsprechen unsere Empfehlungen einer im Energie- und Fettgehalt reduzierten und in ihrem Gehalt an lebensnotwendigen Nährstoffen ausgewogenen und überprüften Mischkost, die vor allem dazu dienen soll, wieder vernünftigere Ernährungsgewohnheiten auf Dauer einzuüben, damit die Ernährung nicht zur ständigen Schaukelpolitik zwischen dick und dünn, zwischen Genuß und Reue wird.

GESUNDHEIT UND DAS „RICHTIGE" GEWICHT

Das Körpergewicht eines Menschen ist abhängig von seiner Körpergröße. Es wird in erster Linie bestimmt durch den Wassergehalt, der beim Erwachsenen etwa 55–60 % des Körpergewichts beträgt, weiterhin durch das Gewicht der Knochen, der Muskelmasse und des Körperfetts.

Unerwünschtes Übergewicht entsteht durch übermäßige Erhöhung des Fettanteils an der Körpermasse, sieht man einmal von krankhaften Flüssigkeitsansammlungen in den Geweben ab. Von Fettsucht oder beginnender Fettsucht wird bei Frauen dann gesprochen, wenn der Fettanteil mehr als 30 % des Körpergewichts beträgt, bei Männern mehr als 25 %.

Eine isolierte Messung des Körperfetts wäre zwar nützlich, um sicher beurteilen zu können, worauf eine Gewichtszunahme beruht, ist aber nur unter Schwierigkeiten möglich. In der Regel kann man jedoch davon ausgehen, daß eine Zunahme des Körpergewichts in erster Linie auf eine Vermehrung des Körperfetts zurückzuführen ist. Das übliche Wiegen reicht also aus.

Gibt es nun ein wissenschaftlich anerkanntes „richtiges" Gewicht, das die beste Voraussetzung für Gesundheit und langes Leben bietet? Leider kann die experimentelle Ernährungsforschung zur Klärung dieser Frage nur wenig beitragen. Versuche am Menschen, die der Frage nachgehen, bei welcher Ernährungsweise und bei welchem Körpergewicht, bezogen auf die Körpergröße, das höchste Lebensalter zu erreichen sei, sind nicht durchführbar. Auch die Ergebnisse von Tierversuchen sind in diesem Bereich nicht auf den Menschen übertragbar. Damit bleibt als einzige Methode, um Anhaltspunkte über das wünschenswerte Körpergewicht zu ermitteln, der Vergleich statistischer Daten.

Schon immer haben sich mit diesem Problem die Lebensversicherungen beschäftigt, da die voraussichtliche Lebenserwartung die Grundlage für die Beitragsabrechung bildet und von der Zuverlässigkeit dieser Daten die Wirtschaftlichkeit dieser Unternehmen abhängt. Aufgrund der Befunde an zwölf Millionen Versicherten wurde daher 1959 von der Metropolitan Life Insurance Company (USA) ein „Idealgewicht" festgelegt, das mit der höchsten Lebenserwartung verbunden war. Dieses „Idealgewicht" entsprach einem Untergewicht von etwa 10 %, bezogen auf das Durchschnittsgewicht der Versicherten. Es wurde in den Sprachgebrauch der Medizin übernommen und galt seither als Antwort auf die Frage, bei welchem Körpergwicht die größte Wahrscheinlichkeit für Gesundheit und langes Leben bestehe.

Als Orientierungshilfe zur Berechnung des Idealgewichts dient im allgemeinen eine Formel, die schon 1868 von dem französischen Arzt Broca vorgeschlagen und als „Broca-Index" bekannt wurde. Broca ging von der Annahme aus, daß das Gewicht in Kilogramm der Körperlänge in Zentimetern minus 100 entsprechen sollte (z. B. Körperlänge = 170 cm – 100 = 70 kg = Broca-Normalgewicht).

Das so ermittelte Broca-Gewicht berücksichtigt jedoch lediglich die Körperlänge, nicht aber Besonderheiten des jeweiligen Körperbaus und des Alters. Bei Kindern und Jugendlichen oder bei sehr großen und sehr kleinen Menschen kann die Broca-Formel daher nicht angewendet werden, denn das nach ihr berechnete „Normal"-Gewicht liegt bei großen Menschen zu hoch, bei kleinen zu niedrig. Trotz dieser Schwächen ist der Broca-Index wegen seiner einfachen Handhabung auch nach Auffassung der Deutschen Gesellschaft für Ernährung nach wie vor geeignet, um dem gesunden Erwachsenen einen Anhaltspunkt für sein „tragbares" Gewicht zu geben. Als sogenanntes „Idealgewicht" wurde bei Männern ein um

10 %, bei Frauen ein um 15 %, niedrigeres Gewicht gegenüber dem Broca-Normalgewicht festgelegt.
Die große Gefahr derartiger Formeln mit genauen Zahlenwerten liegt in der Versuchung, sie als allgemeingültig und verläßlich zu betrachten. Jede Abweichung nach unten oder oben erscheint als nicht mehr normal und möglicherweise krankmachend.
1975 erhielten die Zweifel am „Idealgewicht" neue Nahrung. Ergebnisse einiger amerikanischer Untersuchungen zeigten, daß sich bei Personen eine höhere Lebenserwartung ergab, deren Körpergewicht etwa 10 % über dem Normalgewicht nach Broca lag. Daraus wurde der Schluß gezogen, daß nunmehr die unbequemen Mahnungen zur Mäßigung im Ernährungsverhalten ad acta gelegt werden könnten, daß Dicksein gesund sei und längeres Leben garantiere.
Diese Schlußfolgerung erwies sich jedoch als übereilt und unberechtigt, nicht zuletzt deswegen, weil Angaben über Todesursachen und Änderungen des Körpergewichts während der Beobachtungszeit fehlten oder unzureichend waren, selbst die Kritiker des Idealgewichts haben außerdem nie abgestritten, daß Übergewicht der Gesundheit nicht dienlich ist. Gefördert wurde durch die Erkenntnisse der letzten Jahre allerdings die Einsicht, daß das „Idealgewicht" als unbedingte Zielvorstellung für das wünschenswerte und „richtige" Körpergewicht nicht mehr haltbar ist.
Es bleibt die Frage, was dem Ratsuchenden als Ersatz für das „Idealgewicht" an die Hand gegeben werden kann und bei welchen Grenzwerten eine Gewichtsabnahme anzuraten ist. Die heutige Auffassung geht dahin, das wünschenswerte Gewicht bei einer bestimmten Körperlänge nicht mehr auf das Kilogramm genau anzugeben, sondern vielmehr einen Bereich, in dem sich das Körpergewicht bewegen sollte. Einen Vorschlag hierzu finden Sie in der Tabelle auf der gegenüberliegenden Seite.

Idealgewichtige Erwachsene nach bisher gültigen Maßstäben sollten übrigens weiterhin bestrebt sein, dieses Gewicht zu halten! Es besteht also keine Veranlassung, als neue Zielvorstellung für längere Lebensdauer etwa 10 % Übergewicht zu fordern. Hierfür fehlt jeder Beweis!
Ein Untergewicht gegenüber dem Normalbereich gilt nicht als nützlich. Geringes Übergewicht ist noch nicht als Risikofaktor einzustufen. Es macht erfahrungsgemäß nur wenig oder keine Beschwerden. Es begünstigt jedoch auf Dauer die Entstehung von Stoffwechselstörungen mit ernsten Folgeerkrankungen, die bei Menschen mit geringerem Gewicht weitaus seltener anzutreffen sind.

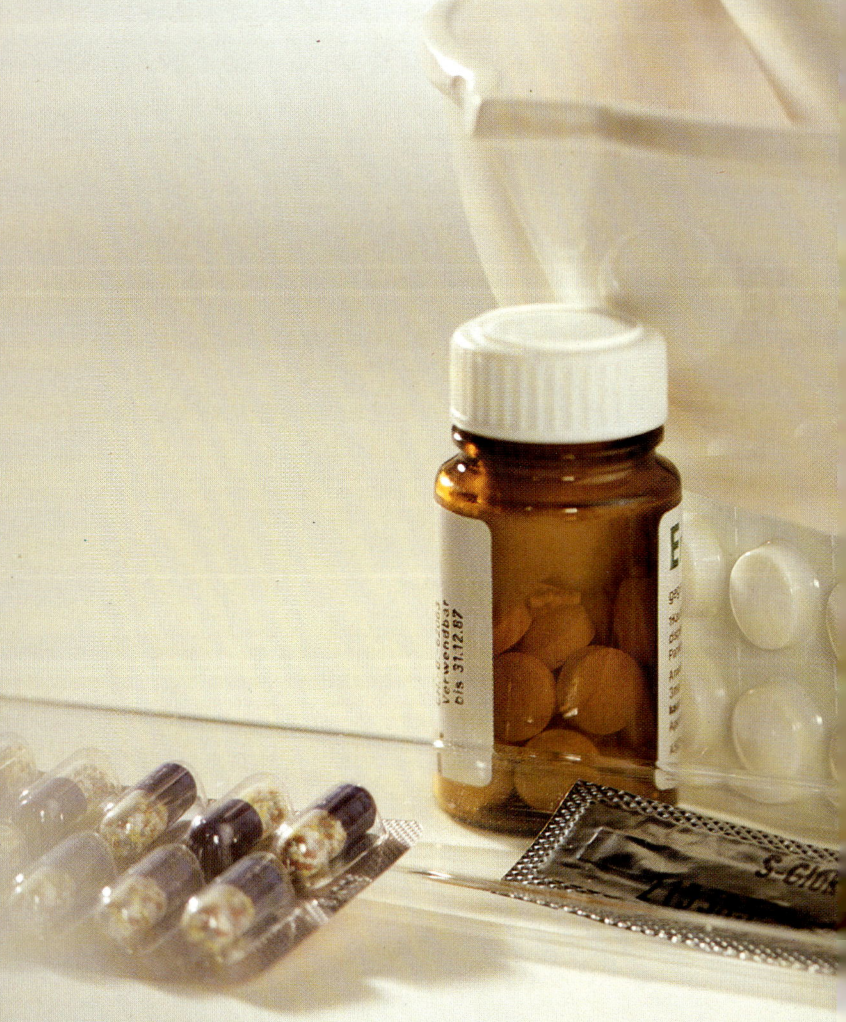

Bereiche des wünschenswerten „Normalgewichts" für Erwachsene

Körperlänge in Zentimetern	Gewicht in Kilogramm	
	Männer	Frauen
150		44–56
155	50–61	47–59
160	53–65	50–62
165	56–69	53–66
170	59–73	56–70
175	63–78	59–74
180	68–84	63–79
185	72–88	65–82
190	75–92	67–84
195	78–95	

Solche Krankheiten sind z. B. Hyperlipidämien (hohe Blutfettwerte, Cholesterin und Triglyceride), Hypertonie (hoher Blutdruck), Herzinfarkt, Gicht, Diabetes (Zuckerkrankheit), Gallensteine, Gelenkleiden, Bandscheibenschäden und Krampfadern. Wer sich daher mit seinem Körpergewicht nach dieser Tabelle an der oberen Grenze oder sogar darüber befindet, sollte seinen Blutdruck, seine Blutfettwerte und seinen Blutzuckerspiegel ärztlich kontrollieren lassen – und versuchen, schlanker zu werden, falls diese Werte überhöht sind. Aller Erfahrung nach wird diese natürliche Methode in den meisten Fällen bereits helfen, auch ohne Tabletten und Spritzen wieder in den „Normalbereich" zu kommen. Es lohnt sich also nicht nur aus ästhetischen Gründen und weil es in Mode ist, sein Körpergewicht zu reduzieren!

Eine weitaus stärkere Gefährdung ergibt sich bei einem Übergewicht von 20% und mehr über dem sogenannten „Broca-Normalgewicht" – Sie erinnern sich: Körperlänge in Zentimetern minus 100 = Kilogramm Körpergewicht. Wieder ein Beispiel: Wenn ein 1,70 m großer Erwachsener über 84 kg (70 + 20%, d.h. + 14, = 84) wiegt. In diesem Bereich beginnt man von Fettsucht zu sprechen, deren Ursache in jedem Falle durch den Hausarzt geklärt werden sollte. Sie birgt immer die Gefahr einer verringerten Lebenserwartung.

WODURCH ENTSTEHT ÜBERGEWICHT?

Aus nichts wird nichts, und ohne Nahrung kann der Körper kein Fett bilden. Das Fettbildungsvermögen der Nahrung hängt wiederum eng mit ihrem Gehalt an Fett, Kohlenhydraten und Eiweiß zusammen. Dies sind die sogenannten Nahrungsenergieträger, aus denen der Organismus die Energie für Muskelleistungen, zur Aufrechterhaltung der Körperwärme und für alle sonstigen Funktionen bezieht. Gemessen wird der Energiegehalt der Nahrung in Kalorien oder Joule. Ein Gramm Fett liefert rund neun Kilokalorien (kcal) bzw. 38 Kilojoule (kJ), ein Gramm Kohlenhydrate oder ein Gramm Eiweiß vier Kilokalorien bzw. 17 Kilojoule, ein Gramm Alkohol sieben Kilokalorien bzw. 29 Kilojoule. Vitamine, Mineralstoffe, Wasser und Ballaststoffe sind ebenfalls wichtig für die Ernährung, liefern aber keine Energie, sind daher auch nicht direkt am Fettansatz beteiligt.

In jedem Falle ist zunehmendes Körpergewicht durch vermehrten Fettansatz die Folge einer unausgeglichenen Bilanz: Es wird mehr aufgenommen als verbraucht. Den Naturgesetzen folgend, wandelt der Organismus die nicht verbrauchten Energielieferanten Fett, Kohlenhydrate, Eiweiß, aber auch Alkohol in Körperfett um und speichert sie für schlechtere Tage. Wir essen aber zu häufig mehr als es der Bedarf erfordert, die schlechten Tage kommen nicht, der Fettansatz wächst, und es entsteht Übergewicht.

Wie unterschiedlich der Bedarf an Nahrungsenergie bei verschiedenen beruflichen Tätigkeiten sein kann, zeigen die folgenden Beispiele.

Geschätzter täglicher Energiebedarf (Achtstundentag) bei einem „Normalgewicht nach Broca" von 60 kg für Frauen und 73 kg für Männer im mittleren Lebensalter (45 Jahre)

		Frau		Mann	
		kcal	kJ	kcal	kJ
LEICHTARBEITER (Büroarbeit, sitzende Fließbandarbeit, Feinmechaniker, PKW-Fahrer, Laborant, Lehrer)	etwa	2.000	8.400	2.400	10.000
MITTELSCHWERARBEITER (Autoschlosser, Verkäufer, Hausfrau)	etwa	2.600	11.000	3.000	12.500
SCHWERARBEITER (Landarbeiter, Bauarbeiter)	etwa	3.200	13.400	3.600	15.000
SCHWERSTARBEITER (Bergmann, Waldarbeiter, Hochofenarbeiter, Hochleistungssportler)	über	3.600	15.100	4.000	16.700

(Nach „Empfehlungen für die Nährstoffzufuhr" der DGE 1985)

Jede Kalorie, die zusätzlich zum eigentlichen Bedarf aufgenommen wird, „setzt an". Beispiel: Ein 70 kg schwerer, 170 cm großer Büroangestellter, der zusätzlich keinen Sport betreibt, sollte täglich nicht mehr als 2400 kcal oder 10 000 kJ mit der Nahrung zu sich nehmen, um seinen Energiebedarf zu decken. Nimmt er aber durchschnittlich 2650 kcal (11 100 kJ) täglich auf, d.h. nur 250 kcal oder 1050 kJ mehr (= ½ Tafel Schokolade oder 2 Glas Bier), so sind das in vier Wochen 7000 kcal oder 29 000 kJ. Diese 7000 kcal entsprechen ungefähr 1 kg Körperfett, denn als Faustregel gilt:

Etwa 7000 kcal zusätzliche Nahrungsenergie bedeuten etwa 1 kg Zunahme an Körperfett
oder etwa 7000 kcal (29000 kJ) eingesparte Nahrungsenergie bedeuten etwa 1 kg Abnahme an Körperfett.

Der übermäßige Fettansatz beginnt vielfach schon im Säuglingsalter. Der Zwang zum Essen, zum Leeressen des Tellers ohne Rücksicht auf Hunger und Bedarf, hat hier schon viel Unheil gestiftet. Weitere besonders kritische Lebensabschnitte sind für viele Menschen der Eintritt ins Berufsleben und der häufig damit verbundene Übergang zu vorwiegend sitzender Lebensweise, die Gründung einer Familie und die damit meist verbundene regelmäßige Versorgung mit reichhaltigen Mahlzeiten sowie bei Frauen die Zeit der Wechseljahre.

Ein großer Teil der Übergewichtigen wird ganz einfach vom Genuß verführt, den wir uns heute in weit größerem Maße leisten können als in früheren Zeiten. Man ißt erfahrungsgemäß immer mehr, wenn es schmeckt – und wir verstehen es immer besser, unsere Nahrung schmackhaft zu machen. Wir machen uns Appetit, wenn der Hunger fehlt. Selbst Haustiere oder Versuchstiere verlieren übrigens beim ständigen Angebot gut schmeckender Nahrung ihren Instinkt für eine ausgeglichene Energiebilanz, fressen zuviel und werden dick.

In seltenen Fällen können für die Entstehung von Übergewicht auch krankhafte Entgleisungen des Hormonhaushalts eine Rolle spielen. Auch der „gute Futterverwerter", häufig als Begründung von Übergewichtigen gebraucht, die von sich behaupten, daß sie bei wenig Essen dick werden, während andere Familienmitglieder bei gleichen oder höheren Nahrungsmengen schlank bleiben, kann nach den Ergebnissen neuer kontrollierter Studien nicht mehr von der Hand gewiesen werden. Wo die Ursachen hierfür liegen – irgendwo muß die Energie schließlich verbraucht oder nicht verbraucht werden –, läßt sich nicht mit Sicherheit sagen. Das Konzept der sogenannten „Thermogenese", wonach schlankbleibende „Vielesser" einen höheren Anteil der Nährstoffenergie in Körperwärme umwandeln, hat sich bisher nicht bestätigen lassen. Die Forschung steht hier noch immer vor zahlreichen ungelösten Problemen.

Die Ursache für die Entstehung und weite Verbreitung von Übergewicht ist aber nicht nur in der Ernährung zu suchen. Gleichzeitig mit dem immer reichlicher und raffinierter werdenden Nahrungsangebot hat die körperliche Beanspruchung nachgelassen. Wir essen und trinken soviel oder sogar mehr als früher, die von uns geforderte Muskelleistung und damit der Energiebedarf ist jedoch weitaus geringer geworden. Zahlreiche technische Hilfsmittel im Arbeitsleben und in der Freizeit setzen den Einsatz von Körperkraft und damit den Verbrauch von Nahrungsenergie herab oder machen ihn sogar überflüssig. Wir sind zur Knopfdruckgeneration geworden. Die Erkenntnis dieser Tatsache allein nützt jedoch nichts. Die Forderung, eine Abhilfe durch Veränderung unserer Umwelt zu schaffen oder auf die Annehmlichkeiten des täglichen Lebens zu verzichten, wäre wirklichkeitsfremd. Es bleibt daher nur der Weg, die Ernährung an die veränderten Lebensbedingungen anzupassen <u>und</u> durch vermehrte körperliche Betätigung wieder schlanker und gesünder zu werden!

WAS KANN MAN GEGEN ÜBERGEWICHT TUN? – WELCHE „DIÄT" IST DIE RICHTIGE?

Sieht man einmal von obskuren Wundermitteln, Abführmitteln und entwässernden Medikamenten ab, von deren Anwendung bei Übergewicht durch Überernährung dringend abgeraten werden muß, lassen sich die wichtigsten, gängigen Konzepte zum Abbau von Übergewicht auf folgende Prinzipien zurückführen:

1. Nichts essen (Nulldiät) oder Saftfasten
2. Weniger essen
   - mit Hilfe von Diätplänen
   - mit Unterstützung durch spezielle Fertiggerichte oder kalorienreduzierte Lebensmittel
   - mit psychologischer Hilfestellung, meist in Gemeinschaft mit anderen
   - mit Unterstützung durch Medikamente (Appetitzügler)
3. Umstellung der Ernährung auf viel Eiweiß und Fett bei gleichzeitigem Verzicht auf Kohlenhydrate.

Jedes dieser Konzepte wirft Probleme auf, die sehr unterschiedlicher Art sind.

Das radikalste Verfahren besteht darin, auf begrenzte Zeit zu fasten, entweder in Form der Nulldiät oder als Saftfasten. Es ist nach einer Übergangszeit von zwei bis drei Tagen meist weniger schwierig durchzuhalten als weniger zu essen, da durch den absinkenden und niedrig bleibenden Blutzuckerspiegel das Hungergefühl nachläßt. Es handelt sich hierbei jedoch um eine Roßkur, die bei längerer Dauer auch den Stoffwechselgesunden vor erhebliche Probleme stellen kann.

Der Organismus verbraucht Nährstoffe, um die Körperwärme und andere Funktionen aufrechtzuerhalten. Wenn die Nahrung diese Stoffe nicht liefert, muß er an die eigene Substanz gehen. Die beschränkten Möglichkeiten zur Umwandlung seiner Körpersubstanz zwingen ihn dann, neben Körperfett auch Eiweiß einzuschmelzen. Längeres Hungern kann daher zu einem Eiweißmangel führen, der mit Muskelschwund verbunden ist, wobei offenbar auch das Herz betroffen werden kann. Eine Nulldiät über längere Zeit, d.h. über mehr als drei Tage, sollte daher – wenn überhaupt – nur bei extremem Übergewicht unter ständiger ärztlicher Kontrolle angewandt werden, möglichst stationär in der Klinik, wobei eine minimale Versorgung mit Eiweiß, Mineralstoffen, Vitaminen und eine ausreichende Wasserzufuhr gewährleistet sein müssen. Als Konzept zur Reduktion des Übergewichts in eigener Regie zu Hause muß von der Nulldiät abgeraten werden, zumal sie keinerlei Ansatzpunkte für eine erwünschte langfristig wirksame Änderung des Ernährungsverhaltens bietet.

Der gleiche Vorwurf muß gegen Appetitzügler erhoben werden, da hiermit häufig eine Abhängigkeit vom Medikament – zum Teil mit unerwünschten Nebenwirkungen – herbeigeführt wird. Die Verabreichung von Medikamenten sollte grundsätzlich nur durch den Arzt erfolgen und auf seltene und wirklich extreme Fälle beschränkt bleiben.

Auch die Umstellung auf eine einseitige Fehlernährung ohne Kohlenhydrate, jedoch mit viel Eiweiß und Fett hat keinen Lerneffekt, da sie – ähnlich wie kalorienarme oder kalorienreduzierte Fertiggerichte – meist nur als „Ernährung auf Zeit" betrachtet wird. Diese Art der Ernährung ist gewissermaßen eine Arznei; anschließend kehrt man wieder zu früheren falschen Ernährungsgewohnheiten zurück. Damit werden Symptome bekämpft, nicht aber die Ursachen.

Hohe Gewichtsverluste in kurzer Zeit, wie sie nicht nur von kohlenhydratfreien Diäten, sondern auch von zahlreichen „Wunderkuren" immer wieder versprochen werden, hängen im übrigen immer mit dem Wasserhaushalt zusammen und sind keine echten Verluste an Körperfett. Wasser wird zur Verarbeitung der Nährstoffe im Stoffwechsel benötigt und im Organismus gebunden oder auch ausgeschieden. Schnelle und hohe Gewichtsverluste entstehen nicht durch Einschmelzen des Körperfetts, sondern durch Wasserverlust. Hier liegt auch der Grund dafür, daß schnellen Gewichtsabnahmen meist ebenso schnelle Gewichtszunahmen folgen („Gewichtssprünge"). Jedes Versprechen, das unter normalen Lebensbedingungen mehr als 300 g Gewichtsverlust an Körperfett pro Tag in Aussicht stellt, ist im Grunde unehrlich.

Der wichtigste Einwand gegen derartigen Reduktionsdiäten besteht allerdings darin, daß sie die Versorgung des Menschen mit lebensnotwendigen Vitaminen und Mineralstoffen nicht mehr gewährleisten können. Es ist eine besondere Form der Fehl- und Mangelernährung, die zudem einen hohen Gehalt an unerwünschten Nahrungsinhaltsstoffen, wie z.B. an Purinen (Gichtgefährdung!) und Cholesterin (Erhöhung der Blutfettwerte!) aufweist.

Als natürliche und vernünftige Methode zur Herabsetzung des Übergewichts bleibt das Konzept „weniger essen", mit dem Ziel, die Nahrungsenergiezufuhr langfristig an den Energiebedarf anzupassen. Dies ist nur durch eine dauerhafte Veränderung der Ernährungsgewohnheiten möglich. Es ist der schwierigere Weg, er bringt keine schnellen spektakulären Erfolge, sondern hat einen kontinuierlichen, langsamen Abbau von Körperfett zum Ziel.

Folgende Bedingungen müssen nach unseren Erfahrungen und aus ernährungsphysiologischer Sicht an eine vernünftige Ernährungsweise zur Herabsetzung des Körpergewichts gestellt werden:

- 30–40% weniger Nahrungsenergie, als der Bedarf erfordert, jedoch alle unentbehrlichen Nährstoffe in ausreichender Menge. Dabei werden die Empfehlungen der Ernährungswissenschaft für die wünschenswerte Zufuhr zugrunde gelegt;
- ausgewogenes Verhältnis von Eiweiß, Fett und Kohlenhydraten;
- überwiegend „normale" Lebensmittel, möglichst keine teuren Speziallebensmittel als „Sonderernährung";
- schmackhafte Kost mit möglichst guter Sättigungswirkung;
- keine schnell resorbierbaren Kohlenhydrate (Zucker), keine alkoholischen Getränke in der ersten Diätphase;
- Ballaststoffe in ausreichender Menge;
- Zwischenmahlzeiten sollten erlaubt sein.

Der natürliche und vernünftige Weg besteht also darin:

- den Verzehr besonders energie(=kalorien)reicher Lebensmittel einzuschränken,
- ballaststoffreiche Lebensmittel stärker zu berücksichtigen,
- mehrere kleinere Mahlzeiten wenigen großen vorzuziehen,
- sich regelmäßig körperlich zu betätigen.

Damit sollte eine bleibende Veränderung falscher Gewohnheiten angestrebt werden. Dieses Ziel haben wir mit unserem Schlankheitsplan vor Augen, der nicht nur dazu dienen soll, Gewicht zu verlieren, sondern auch dazu, ein einmal erreichtes Wunschgewicht zu halten – ohne auf Gaumenfreuden ganz zu verzichten.
Dieser Weg muß und soll keine schnellen Erfolge bringen. Ein bis eineinhalb Kilogramm Gewichtsverlust pro Woche betrachten wir als optimal. Eine Anpassung der Nährstoffzufuhr an den tatsächlichen Bedarf muß außerdem keineswegs eine extreme Umstellung in der Wahl der Nahrungsmittel bedeuten. Im Gegenteil, schnelle Erfolge und ungewohnte „Sondernahrungsmittel" verleiten dazu, sobald wie möglich wieder in die bequemen, falschen Gewohnheiten zurückzufallen, wenn das angestrebte Gewicht erreicht ist, um bei Bedarf „die Kur" zu wiederholen. Das Schlankheitsprogramm wird zur Arznei. Dies liegt keineswegs in unserer Absicht, wir streben dagegen an, Ihnen den vernünftigen Umgang mit Ihrer Nahrung wieder schmackhaft zu machen!
Es soll nicht verschwiegen werden, daß eine Umstellung der Ernährungsweise, eine langsame Veränderung der Ernährungsgewohnheiten, wie wir sie mit unseren Empfehlungen bei fast allen Übergewichtigen erfolgreich praktiziert haben, nicht in jedem Falle zum anhaltenden Erfolg führt. Es wird immer einige Übergewichtige geben, die mit einer Reduktionsdiät nicht recht weiterkommen, vor allem, wenn sie auf sich allein gestellt sind. Wir haben zwar die Erfahrung gemacht, daß eine vernünftige Reduktionskost, verbunden mit mehr körperlicher Bewegung und Verzicht auf alkoholische Getränke und Zucker, bisher als einleitende Maßnahme immer wirksam war. Für den weiteren Verlauf und zur Vermeidung eines Rückfalls wird aber manchmal psychologische Hilfestellung benötigt.

Sehr hilfreich kann hierbei vor allem die Einbindung in eine Gruppe sein. Nach neueren Untersuchungsergebnissen ist die Gewichtsreduktion in der Gruppe dann am höchsten, wenn eine feste Diät vorgeschrieben ist und der Gruppenleiter eine regelmäßige und strenge Kontrolle ausübt, z.B. durch öffentliches Wiegen und Bekanntgabe des Abnahmeerfolges. Trotz der starken Kontrolle und des autokratischen Führungsstils des Gruppenleiters waren die Teilnehmer mit diesem Gewichtsreduktionsprogramm sehr zufrieden. Allerdings war bei dieser Form der Gruppenarbeit die Aussteigerquote besonders hoch, und es bestätigt sich auch hier, daß es für die Behandlung des Übergewichts kein Konzept gibt, das für alle Übergewichtigen gleichermaßen gut geeignet ist. Dies gilt besonders für den psychologischen Aspekt dieses Problems.
Es muß ja auch nicht unbedingt eine streng geführte Gruppe sein, wenn Sie Hilfe brauchen. Auch die Gemeinsamkeit und der Austausch von Erfahrungen mit Familienmitgliedern und Freunden kann zum Erfolg führen, wenn man es allein nicht schafft!

Lebensmittel, die viel Eiweiß enthalten

Lebensmittel, die viel Fett enthalten

Bevor wir Sie mit der Praxis des Schlankheitsplans bekanntmachen, sollten Sie sich mit den wichtigsten Grundlagen Ihrer Ernährung vertraut machen, die Ihnen das Verständnis für eine vernünftigere Ernährungsweise erleichtern.

NÄHRSTOFFE

Die für die Ernährung des Menschen wichtigsten Inhaltsstoffe unserer Nahrungsmittel, die sogenannten „Nährstoffe", teilt man in folgende Gruppen ein:

1. Eiweiß (Protein)
2. Fett und fettähnliche Stoffe
3. Kohlenhydrate
4. Vitamine
5. Mineralstoffe (Mengen- und Spurenelemente)
6. Wasser

Die Nahrung des Menschen kann aus sehr unterschiedlichen Nahrungsmitteln zusammengesetzt sein. Sie muß jedoch stets alle Nährstoffe in ausreichender Menge enthalten, die der Organismus zur Aufrechterhaltung seiner Funktion und zum Aufbau und Ersatz von Körpersubstanz benötigt. Als energieliefernde „Hauptnährstoffe" gelten vor allem Fett und Kohlenhydrate, aber auch Eiweiß. Zu den weiteren unentbehrlichen Nährstoffen zählen das Wasser, die essentiellen (unentbehrlichen) Aminosäuren aus dem Nahrungseiweiß als Bausteine für das Körpereiweiß, essentielle Fettsäuren (Linolsäure), Vitamine und Mineralstoffe. Auch Ballaststoffe zählen zu den unentbehrlichen Stoffen in unserer Ernährung, obwohl sie im engeren Sinne keine Nährstoffe sind. Sie sorgen aber für eine geregelte Darmtätigkeit. Wasser, Kohlenhydrate, Fett und Eiweiß haben in dieser Reihenfolge gewichtsmäßig den Hauptanteil in unserer Kost, während auf Vitamine und Mineralstoffe vergleichsweise nur eine sehr geringe Menge entfällt. Dies gilt sowohl für pflanzliche als auch für tierische Nahrungsmittel. Der Gehalt an den jeweiligen Nährstoffen schwankt in den unterschiedlichen Speisen recht stark.

- Mageres Fleisch und Fisch enthalten viel Eiweiß, wenig Fett, kaum Kohlenhydrate,
- Kartoffeln enthalten viel Kohlenhydrate, etwas Eiweiß, kaum Fett,
- bei Butter und Margarine steht der Fettanteil im Vordergrund.

Ähnlich unterschiedlich verhält es sich mit dem Gehalt an Vitaminen und Mineralstoffen in den einzelnen Nahrungsmitteln.

Wenn in einer Reduktionsdiät die Nahrungsenergieträger Fett und Kohlenhydrate reduziert werden, um den Körper zu veranlassen, seine eigenen Fettdepots zur Energiegewinnung anzugreifen, muß man besonderen Wert auf die ausreichende Zufuhr der anderen unentbehrlichen Nährstoffe d.h. auf Vitamine, Mineralstoffe und Ballaststoffe, legen, da der Bedarf hierfür auch in einer Reduktionsdiät nicht vermindert ist!

EIWEISS (PROTEIN)

Eiweiß ist ein unentbehrlicher Baustein für die lebende Zelle, für Muskeln, Enzyme, Hormone und den Blutfarbstoff. Eiweiß findet sich in fast allen Lebensmitteln tierischer und pflanzlicher Herkunft. Durch die Verdauung in Magen und Darm wird Nahrungseiweiß in seine Bestandteile, die Aminosäuren, aufgespalten,

Lebensmittel, die viel Kohlenhydrate enthalten.

aus denen der Organismus im sogenannten Stoffwechsel wieder sein eigenes Körpereiweiß aufbaut. Acht Aminosäuren gelten als „essentiell", d.h. sie sind unentbehrliche Nahrungsbestandteile, die stets mit der Nahrung zugeführt werden müssen, da der menschliche Organismus sie nicht selbst bilden kann. Vom unterschiedlichen Gehalt der Eiweiße an diesen essentiellen Aminosäuren, hängt es ab, wieviel sie zum Aufbau und Ersatz von Körpereiweiß beitragen können. Tierische Eiweiße sind meist wertvoller, aber auch mit pflanzlichen Eiweißen kann man als Erwachsener seinen Bedarf an Aminosäuren problemlos decken, wenn man auf eine abwechslungsreiche, gemischte Kost achtet. Für Kinder sollten zumindest Milchprodukte dabei sein!

Unser Tip:

Täglich Milch und Milchprodukte, auch kleine Portionen Fisch oder Fleisch in Kombination mit Brot und Kartoffeln, sorgen für eine ausreichende Eiweißzufuhr!

FETT

Fett ist der kalorienreichste Energielieferant in unseren Speisen. Fett ist aber auch Träger der fettlöslichen Vitamine und der essentiellen Fettsäuren. Wichtigster Vertreter dieser Fettsäuren ist die Linolsäure, die damit ebenfalls zur Gruppe der unentbehrlichen Nahrungsbestandteile gehört. Fett findet sich in der Nahrung nicht nur als Streichfett, Backfett oder Öl, sondern in beträchtlicher Menge auch als verborgenes Fett, z.B. in Wurst, Käse und Erdnüssen. Nur eine geringe Zufuhr von Nahrungsfett gilt als lebensnotwendig, aber linolsäurereiche pflanzliche Öle oder Fette sollten dabei sein.

Unser Tip:

Fettmenge halbieren, d.h. kein Streichfett unter Wurst und Käse, sichtbares Fett an Fleisch und Schinken abschneiden und fettarme Zubereitungstechniken bevorzugen!

KOHLENHYDRATE

Die Kohlenhydrate kann man in drei Gruppen unterteilen:

- Einfach- und Mehrfachzucker (Trauben-, Frucht-, Malz-, Milch- und Rohr- bzw. Rübenzucker), die hauptsächlich in Süßigkeiten, Speiseeis, süßem Gebäck und Limonaden bzw. Kolagetränken zu finden sind, natürlich auch als „Haushaltszucker".
- Stärke, die Hauptbestandteil vieler pflanzlicher Lebensmittel (Getreide, Kartoffeln) ist
- Zellulose, die zur Gruppe der Ballaststoffe zählt, unverdaulich ist, aber für Sättigung und geregelte Verdauung mitverantwortlich ist.

Die verdaulichen Kohlenhydrate (Zukker und Stärke) sind vor allem Energielieferanten. In dieser Funktion können sie die Fette weitgehend ersetzen, sind aber wesentlich schneller verfügbar als diese. Ein Zuviel an Kohlenhydraten wandert nach Umwandlung in „Depotfett" direkt in die Fettspeicher des Körpers und kann dann für unliebsame Überraschungen auf der Waage sorgen. Außerdem erhöht sich – insbesondere durch klebrige

Süßigkeiten – die Kariesgefahr, da gerade die einfachen Zucker stark am Zahn „zehren" können, wenn keine ausreichende Mundhygiene betrieben wird. Das soll aber nun keineswegs heißen, daß Sie auf alles Süße in Zukunft verzichten müssen. Denken Sie jedoch daran, daß Sie beim Verzehr von Süßspeisen und zuckerhaltigen Getränken den Organismus reichlich mit schnell verfügbarer Energie „eindecken", Energie, die er meist im Moment gar nicht braucht und daher in den Fettdepots speichert. Die komplexen Kohlenhydrate, wie die Stärke, z. B. aus Brot oder Kartoffeln, werden dagegen langsamer abgebaut und versorgen den Körper kontinuierlich mit der nötigen Energie.

Bei den unverdaulichen Kohlenhydraten, den Ballaststoffen, handelt es sich vor allem um die Gerüstsubstanzen in Früchten und Gemüsen sowie die Rand- oder Schalenanteile des Getreidekorns. Sie werden nicht von den Verdauungssäften des Menschen abgebaut, sind aber nützliche Substanzen, die die Darmarbeit anregen, eventuell vorhandene, schädliche Substanzen durch Beschleunigung der Darmpassage schnell aus dem Körper entfernen und dadurch offenbar die Entstehung verschiedener Krankheiten, insbesondere des Darmtraktes, verhindern helfen.

Unser Tip:

Bevorzugen Sie die (komplexen) Kohlenhydrate aus Brot, Getreidemüsli und Kartoffeln, da diese Nahrungsmittel im Gegensatz zu den meisten Süßigkeiten zusätzlich viele Vitamine, Mineralstoffe und Ballaststoffe enthalten. Sie besitzen dadurch den Vorteil, länger zu sättigen.

Denken Sie daran, daß gerade die kräftigen Brot- und Brötchensorten aus Vollkornmehlen besonders reich an Vitaminen, Mineralien und Ballaststoffen sind.

Lebensmittel, die viel Vitamine enthalten

VITAMINE

Unter der Bezeichnung Vitamine faßt man eine Gruppe von Wirkstoffen zusammen, die als eine Art Katalysator für viele Vorgänge unseres Stoffwechsels wichtig ist. Ihre Zufuhr mit der Nahrung ist unbedingt notwendig, da der menschliche Organismus nicht selbst Vitamine aufbauen kann. Chemisch gesehen bilden sie keine einheitliche Gruppe von Verbindungen. Sie werden meist nach ihrer Wasser- bzw. Fettlöslichkeit eingeteilt.

Die wichtigsten wasserlöslichen Vitamine sind:

Vitamin C und die Vitamine der B-Gruppe (B_1, B_2, B_6, B_{12}, Niacin, Pantothensäure, Folsäure, Biotin)

Die fettlöslichen Vitamine sind die Vitamine A, D, E und K.

Fehlen Vitamine in der Nahrung völlig, kann es zu schweren Erkrankungen kommen, beispielsweise zu der alten Seefahrerkrankheit Skorbut, die durch Vitamin-C-Mangel entsteht, oder zu der Vitamin-B_1-Mangelkrankheit Beriberi, an der noch Mitte dieses Jahrhunderts zahlreiche Menschen in Entwicklungsländern gestorben sind.

Derartige Mangelprobleme spielen in unserer Überflußgesellschaft heutzutage glücklicherweise keine Rolle mehr. Nicht auszuschließen ist aber die Möglichkeit, daß durch einseitige Ernährung, z. B. durch einseitige Reduktionsdiäten, dem Organismus von manchen Vitaminen nicht genug zugeführt wird. Dies kann dann zu uncharakteristischen, meistens nicht eindeutig erkennbaren Störungen führen, die zwar keine echte Krankheit darstellen, aber die körperliche und geistige Leistungsfähigkeit und die allgemeine Widerstandskraft schwächen. Sogar Wachstumsstörungen, Augenerkrankungen, Rachitis und Nervenstörungen sind nicht auszuschließen.

Unser Tip:

Unnötig lange Luft- und Lichteinflüsse beim Lagern und Wässern, zu langes Kochen und wiederholtes Aufwärmen vermeiden, denn dies führt zur Zerstörung der Vitamine in den Lebensmitteln.

MINERALSTOFFE

Mineralstoffe müssen ebenfalls mit der Nahrung aufgenommen werden. Sie finden sich in pflanzlichen und tierischen Nahrungsmitteln. Man teilt sie üblicherweise in zwei Gruppen ein:
Die sogenannten Mengenelemente: Calcium, Phosphor, Natrium, Kalium, Magnesium und Chlorid.
Die sogenannten Spurenelemente: Eisen, Kupfer, Jod, Zink, Mangan, Fluor und Kobalt.
Mineralstoffe sind sowohl Bausteine (Calcium in Knochen, Natrium in der Blutflüssigkeit, Eisen im Blutfarbstoff) als auch Reglerstoffe, die bereits in kleinsten Mengen für den reibungslosen Ablauf vieler Lebensvorgänge unentbehrlich sind. Sie müssen ebenso wie die Vitamine während einer Reduktionsdiät in gleicher Menge wie bei Normalkost aufgenommen werden! Bei kalorisch sehr niedrig gehaltenen Reduktionsdiäten – unter 1000 kcal pro Tag – kann, ebenso wie bei Vitaminen, eine zusätzliche Zufuhr mit Tabletten notwendig werden. Bei den von uns entwickelten Rezepten ist dies nicht notwendig, da wir bei der Auswahl und Zusammenstellung der Nahrungsmittel auf eine ausreichende Zufuhr von Vitaminen und Mineralstoffen geachtet haben. Voraussetzung ist jedoch, daß Sie alles aufessen und nicht auf eigene Faust zusätzlich sparen!

Unser Tip:

Mit einer gemischten Ernährungsweise – tierische und pflanzliche Lebensmittel, darunter regelmäßig auch Vollkornerzeugnisse, Milchprodukte, Frischgemüse, -salate und -obst – ist bei einer „Normalkost" eine ausreichende Zufuhr im allgemeinen auch ohne Berechnung gewährleistet.

Lebensmittel, die viel Mineralstoffe enthalten

WASSER

Wasser ist der unentbehrlichste Nährstoff, denn ohne Wasserzufuhr kann der Mensch nur wenige Tage überleben. Der lebenswichtige Kreislauf des Blutes kann nur bei ausreichender Flüssigkeitszufuhr aufrechterhalten werden, da der Körper ständig Wasser ausscheidet und verdunstet. Vor allem die Nieren sind auf ausreichende Flüssigkeitszufuhr angewiesen, da sie die wasserlöslichen Abfallprodukte des Organismus ausscheiden müssen, um eine Selbstvergiftung zu vermeiden. Gerade bei einer Reduktionsdiät ist diese Funktion äußerst wichtig, man sollte sogar mehr trinken als sonst. Allerdings sollte die Flüssigkeitszufuhr nicht in Form zucker- und damit kalorienreicher Limonaden (1 l Limonade = 100 g Zucker = fast ein Viertel des täglichen Nahrungsenergiebedarfs) oder Nektare (mit noch mehr Zucker...) erfolgen, sondern vornehmlich als Wasser, Mineralwasser, Kaffee oder Tee.

Unser Tip:

Täglich etwa einen bis eineinhalb Liter trinken – aber keine kalorienhaltigen Getränke!

VON DER THEORIE ZUR PRAXIS: UNSER WEG ZUM SCHLANKERWERDEN

Unser Schlankheitsplan geht davon aus, daß Sie pro Woche etwa ein bis eineinhalb Kilogramm Ihres Übergewichts verlieren sollten. Mehr ist keinesfalls notwendig. Am Anfang werden Sie voraussichtlich etwas mehr Gewicht verlieren, in der dritten und vierten Woche etwas weniger. Das ist durchaus normal für die Durchführung einer derartigen Diät und zeigt lediglich an, daß Ihr Organismus sich auf die verminderte Zufuhr von Nahrungsenergie einstellt.

Das Brot nimmt eine bevorzugte Stellung in den von uns empfohlenen Tageskostplänen ein, weil es sich ideal mit vielen anderen Lebensmitteln kombinieren läßt und besonders für Zwischenmahlzeiten am Arbeitsplatz geeignet ist. Durch seinen hohen Gehalt an Stärke und Ballaststoffen – letztere besonders in Gebäcken aus Vollkornmehlen – bewirkt es ein lang anhaltendes Sättigungsgefühl. Ausreichende Sättigung ist jedoch eine wichtige Voraussetzung für das Wohlbefinden und damit entscheidend für den Erfolg einer Reduktionsdiät! Wir empfehlen Ihnen daher auch eine Verteilung der täglichen Nahrungsmenge auf 5 kleinere Mahlzeiten, die mit Brot leichter zu bewerkstelligen sind, statt auf 3 Hauptmahlzeiten. Zu große Pausen zwischen den Mahlzeiten fördern den Hunger. Die überwiegende Verwendung dunkler Brotsorten mit hohem Ballaststoffgehalt hilft mit, Ihre Verdauung zu regulieren, und wirkt der Gefahr einer Verstopfung entgegen, die bei Reduktionsdiäten häufig zu beobachten ist.

Achten Sie auf ausreichende Flüssigkeitszufuhr und trinken Sie eher mehr als sonst – allerdings keine alkoholischen, gezuckerten oder sonstigen kalorienhaltigen Getränke, wie Vollmilch. Um den Appetit nicht unnötig anzuregen und keine überflüssige Nahrungsenergie zuzuführen, müssen Sie während der Dauer der Reduktionsdiät auf Zucker, zuckerhaltige Süßwaren und auf alkoholische Getränke verzichten – auch wenn es schwerfällt! Diese angenehmen „kleinen Sünden" sind vielfach für die kleinen und großen Fettpolster, die Sie gerne loswerden wollen, verantwortlich.

Süßes und Alkoholisches soll nicht auf immer verbannt werden. Eine kurze Zeit der Enthaltsamkeit kann jedoch dazu beitragen, sich von einer häufig bereits vorhandenen Abhängigkeit zu lösen. Nur bei vernünftigem Umgang mit diesen energiereichen Genußmitteln können Sie ein wieder erreichtes Wunschgewicht auch halten!

Übrigens:

Bevor Sie auf längere Zeit eine Reduktionsdiät durchführen, sollten Sie mit Ihrem Hausarzt Verbindung aufnehmen! Er kann z.B. Ihre Cholesterinwerte und Ihren Blutdruck vor und nach der Diät überprüfen und Ihnen damit sagen, ob Sie hier Erfolg hatten!

TIPS UND TRICKS ZUM DURCHHALTEN

Rezepte allein bieten noch keine Gewähr für ein erfolgreiches Schlankheitsprogramm. Sie sind sich wahrscheinlich darüber im klaren, daß auch Ihr Verhalten änderungsbedürftig ist. Unterstützen Sie Ihre Charakterstärke durch einige Hilfen!

1. **Wiegen Sie sich täglich!**
   Halten Sie Ihre Fortschritte in einer Gewichtskurve fest.

Zunächst tragen Sie in das „Start"-Kästchen Ihr Gewicht am ersten Tag der Schlankheitskost ein. In die daruntergelegenen Kästchen setzen Sie die Gewichtszahlen ein, die Sie nach und nach erreichen wollen – pro Kästchen immer ein Kilo weniger. Bei jedem „Waagentest" kreuzen Sie unter dem entsprechenden Tag an, wieweit Sie schon gekommen sind. Die Kreuzchen verbinden Sie miteinander.
Klettern Sie möglichst immer zur gleichen Tageszeit und ohne Straßenkleider auf die Waage. Falls Sie keine Möglichkeit haben sollten, sich ohne Kleider zu wiegen, achten Sie bitte darauf, daß Ihre „Kleidergewichte" (insbesondere die Schuhe!) nicht zu stark von Tag zu Tag voneinander abweichen. Und: Benutzen Sie möglichst immer die gleiche Waage! Wundern Sie sich nicht, wenn die Waage bei Ihrem Hausarzt andere Werte anzeigt als Ihre eigene. Arztwaagen sind geeicht und geben das Gewicht genauer an, als dies die Personen-

MEINE GEWICHTSKURVE

		1. Woche							**2. Woche**							**3. Woche**							**4. Woche**						
Start: ___ kg		Mo	Di	Mi	Do	Fr	Sa	So	Mo	Di	Mi	Do	Fr	Sa	So	Mo	Di	Mi	Do	Fr	Sa	So	Mo	Di	Mi	Do	Fr	Sa	So
	– 0,5 kg																												
___ kg	**– 1,0** kg ►																												
	– 1,5 kg																												
___ kg	**– 2,0** kg ►																												
	– 2,5 kg																												
___ kg	**– 3,0** kg ►																												
	– 3,5 kg																												
___ kg	**– 4,0** kg ►																												
	– 4,5 kg																												
___ kg	**– 5,0** kg ►																												

waagen im Haushalt im allgemeinen tun. Insbesondere wenn Sie sich täglich wiegen, brauchen Sie nicht zu erschrecken, wenn Sie von einem Tag auf den anderen einmal ein halbes oder ein Kilogramm mehr oder plötzlich zwei Kilogramm weniger wiegen: Wenn Sie gerade viel getrunken und sehr salzig gegessen haben, bevor Sie auf die Waage geklettert sind, oder wenn Sie kurz vorher Sport getrieben haben oder in der Sauna gewesen sind, kommen leicht Gewichtsschwankungen zustande, die durch das „Mehr" oder „Weniger" an Wasser zu erklären sind und nichts mit dem Fett zu tun haben.

2. **Informieren Sie Ihre Familie, Ihre Freunde und Kollegen!**
Man wird Verständnis für Sie haben, vor allem bei Einladungen. Außerdem nehmen Sie sich damit freiwillig selbst in die Pflicht!
Für den Fall, daß Sie zu einer Party geladen sind, brauchen Sie diese nicht gleich abzusagen, sollten aber einige Ratschläge beachten:

- Greifen Sie beim Essen (beim kalten Buffet besonders gut durchzuführen) zu den kalorienärmsten Speisen wie Geflügel, Obstsalate, mageres Fleisch, Forelle.

- Meiden Sie fette und kalorienhaltige Gerichte wie Frikadellen, mayonnaisehaltige Salate, Eis mit Sahne, fetten Käse.

Ein Festessen braucht ja nicht unbedingt in ein „Gelage" auszuarten, bei dem es hauptsächlich auf die Menge ankommt, sondern der Genuß sollte vorrangig sein.

Wir wollen Ihnen in diesem Zusammenhang auch einen Begrüßungscocktail nicht ausreden, aber halten Sie sich ansonsten mit den alkoholischen oder sonstigen kalorienhaltigen Getränken zurück, denn ein Fest kann auch ohne Alkohol lustig sein!
Lassen Sie sich in Ihrem Eßverhalten auch nicht durch Hohngelächter anderer Gäste einschüchtern!
Ist Ihr Gewicht nach einer Feier doch in die Höhe gestiegen, so versuchen Sie, dies gleich wieder auszugleichen, z.B. indem Sie etwas mehr Sport treiben. An einem Samstag oder Sonntag können Sie auch einmal das Frühstück ausfallen lassen oder einen Schalttag einlegen. Dies sollte aber nicht zur Regel werden!

3. **So kaufen Sie ein!**
Stellen Sie vor jedem Lebensmitteleinkauf eine Einkaufsliste auf, und kaufen Sie nur das, was auf der Liste steht. Kaufen Sie nur nach dem Essen ein, niemals hungrig! Sollten Sie besonders anfällig für süße, saure, salzige oder alkoholische Verführungen sein, lassen Sie andere Familienmitglieder oder Freunde für Sie einkaufen. Kaufen Sie möglichst nur die Lebensmittel ein, die zu Ihrem Rezeptplan gehören. Andere Lieblingsspeisen, Getränke oder Knabberartikel sollten nicht in Sichtweite stehen, auch nicht im Kühlschrank! Sie verringern die Versuchung, wenn Sie vor Beginn der Reduktionsdiät dafür sorgen, daß zumindest keine angebrochenen Flaschen und Packungen mehr vorhanden sind.

4. **Bremsen Sie Ihren Appetit!**
Trinken Sie vor dem Essen ein Glas Mineralwasser als Appetitbremse. Auch eine Portion Salat vor der Hauptmahlzeit wirkt appetithemmend!

5. **Essen Sie bewußter!**
Versuchen Sie, bei ihren Mahlzeiten kleinere Bissen zu nehmen als üblich, und kauen Sie gründlicher, langsamer, bewußter! Konzentrieren Sie sich auf das Essen, und meiden Sie Nebentätigkeiten (Fernsehen, Lesen), bei denen Sie das „Zuvielessen" vergessen.

6. **Verzichten Sie auf Naschereien am Abend!**
Abendliche Naschereien beim Fernsehen sind gefährlich. Falls es Ihnen sehr schwer fällt, darauf ganz zu verzichten, heben Sie sich dafür etwas Obst von der Zwischenmahlzeit auf.

7. **Lernen Sie den Energiegehalt Ihrer Nahrung kennen!**
Der Speiseplan dieser Diät informiert Sie über den Energiegehalt Ihrer Lebensmittel. Versuchen Sie jedoch, ab und zu den Kalorien- bzw. Joulegehalt Ihrer Lebensmittel zu schätzen. Es hilft Ihnen auch später, wenn Sie wieder „normal" essen und trinken, Ihre Lebensmittel gerade im Hinblick auf überflüssige und unerwünschte Kalorien zu beurteilen.

8. **Suchen Sie Gleichgesinnte!**
Suchen Sie sich jemanden, der ebenfalls schlanker werden möchte und die Diät gleichzeitig mit Ihnen durchführt. Erfahrungsaustausch und ein bißchen „Wettbewerb" helfen, bei der Stange zu bleiben.

9. **Verzichten Sie nicht auf Zwischenmahlzeiten!**
Halten Sie auf jeden Fall die angegebene Mahlzeitenzahl ein, und verzichten Sie nicht auf die Zwischenmahlzeiten. Gerade diese nämlich liefern eine ganze Reihe wichtiger Vitamine und Mineralstoffe und verhindern ein übermäßiges Hungergefühl!

PROBLEME?

Im folgenden möchten wir auf einige besonders häufig gestellte Fragen von Teilnehmern eingehen, die unsere Schlankheitskost früher mitgemacht haben. Natürlich kann dieses Kapitel nicht vollständig sein. Daher möchten wir Sie darauf hinweisen, daß die Deutsche Gesellschaft für Ernährung (DGE), Verbraucherzentralen und -beratungsstellen sowie die ländlich-hauswirtschaftlichen Beratungsstellen unter anderem persönliche Ernährungsberatung oder vielseitiges Informationsmaterial zu speziellen Fragen anbieten oder vermitteln können. Im Zweifelsfall fragen Sie Ihren Hausarzt.

Verdauung

Gelegentlich wird – nicht nur während der Schlankheitskost – über unregelmäßigen Stuhlgang geklagt. Dies liegt vor allem an der verminderten Nahrungsmenge. Im übrigen ist es auch bei normaler Ernährung nicht besorgniserregend, wenn der Gang zur Toilette nicht immer täglich erfolgt. Ballaststoffreiche Nahrungsmittel (Vollkornbrot, Gemüse, Müsli) helfen, über diese Probleme hinwegzukommen. Abführtabletten sind nicht der richtige Weg!

Hunger

Wenn auch selten, so stellt sich in den ersten Tagen der Schlankheitskost als Folge der Umstellung auf eine verminderte Nahrungszufuhr doch gelegentlich Hunger ein. Dieser läßt nach einer kurzen Anpassungsphase bald nach. Verfallen Sie dann aber nicht in eine Abnehmeuphorie. Essen Sie nicht weniger als empfohlen oder gar überhaupt nichts mehr, sondern nehmen Sie die empfohlenen Mengen unbedingt zu sich.

Kritische dritte Woche

Während der dritten Woche werden erfahrungsgemäß die geringsten Abnehmerfolge erzielt. Bitte lassen Sie sich davon nicht entmutigen, und machen Sie weiter! Ihr Organismus braucht Zeit. Was sich in langen Jahren angesammelt hat, kann auf physiologische Weise nicht schnell verschwinden.

Kältegefühl

Viele Teilnehmer beunruhigen sich über die Tatsache, daß sie nach etwa zwei Wochen schneller anfangen zu frieren. Der Grund hierfür ist in der abnehmenden Fettmasse zu sehen, die bisher einen wärme- bzw. kälteisolierenden Effekt ausübte, der nun allmählich nachläßt.

1200 oder 1500 kcal lebenslang?

Der Körper gewöhnt sich nicht an die 1200 oder 1500 kcal, wie man meinen könnte. Theoretisch könnten Sie mit dieser täglichen Energiezufuhr immer weiter abnehmen. Spätestens in dem Bereich des früheren „Idealgewichts" ist jedoch absolut Einhalt geboten, da der Organismus nach dem Abbau der überschüssigen Fettpolster beginnt, auch aus körpereigenem Eiweiß Energie zu gewinnen. Eine solche Übertreibung muß aus medizinischen Gründen abgelehnt werden!

Ein Kilogramm mehr während der Regel

Viele Frauen stellen im Laufe der Schlankheitskost fest, daß während ihrer Periode die Waage etwa ein Kilogramm mehr anzeigt. Dieser Effekt beruht auf der Tatsache, daß in diesen Tagen weniger Natrium durch die Nieren ausgeschieden und dadurch mehr Wasser im Körper gebunden wird. Die Gewichtszunahme besteht also nicht aus Fett, sondern nur aus Wasser, das nach etwa drei Tagen wieder verschwindet.

ERNÄHRUNG IST NICHT ALLES!

Ein Kilogramm Übergewicht entspricht im Energieverbrauch etwa 7000 kcal (29 000 kJ). Dies abzuarbeiten oder allein durch Sport loszuwerden, dürfte Ihnen sehr schwer fallen – Sie müßten dafür beispielsweise zehn Stunden Treppen steigen ...

Erhöhen Sie Ihren täglichen Energieverbrauch aber wenigstens um 100 kcal (420 kJ)! Arbeiten Sie damit auf lange Sicht einen kleinen Teil Ihres Körpergewichts ab (100 kcal = etwa 17 g Fettgewebe), und versuchen Sie, sich diese zusätzliche körperliche Bewegung zur neuen Gewohnheit werden zu lassen.

Sie haben keine Zeit dafür? Prüfen Sie sich ehrlich, ob das nicht doch eine Ausrede ist! Lassen Sie sich z.B. 5 Minuten Morgengymnastik in gleicher Weise zur Gewohnheit werden, wie das Zähneputzen!

Verzichten Sie gelegentlich auf Fahrstuhl oder Rolltreppe, und benutzen Sie wieder die Treppe! Parken Sie Ihren Wagen ein bißchen weiter entfernt vom Arbeitsplatz oder vom Einkaufszentrum, das erspart Ihnen vielleicht auch die lästige Suche nach dem Parkplatz.

Fahren Sie öfter Fahrrad, wandern Sie wieder häufiger, gehen Sie schwimmen, oder treiben Sie irgendeinen Sport, der Ihnen Spaß macht. Vielleicht treten Sie einem Sportverein bei, statt nur am Fernseher zuzuschauen! Die Frage, wieviel Sie sich zumuten können, beantwortet Ihr Hausarzt.

Die folgende Tabelle zeigt Ihnen, welche Tätigkeit oder welche Sportart Sie wie lange intensiv durchführen müssen, um durchschnittlich 100 kcal zu verbrauchen.

Sie verbrauchen etwa 100 kcal (420 kJ) bei:

- 10 Minuten Dauerlauf oder „Trimm-Trab"
- 10 Minuten Treppensteigen
- 20–40 Minuten Wandern, je nach Tempo
- 10–20 Minuten Radfahren, je nach Tempo
- 10–20 Minuten Schwimmen, je nach Tempo
- 15–20 Minuten Gymnastik oder Tanzen
- 15–20 Minuten Federballspielen oder Tischtennisspielen
- 15–20 Minuten Tennisspielen oder Rudern
- 20–25 Minuten Kegeln oder Reiten
- 10 Minuten Fußballspielen
- 10 Minuten Skilauf (Langlauf)
- 20–30 Minuten Gartenarbeit

Natürlich können Sie auch verschiedene Aktivitäten kombinieren und so die erwünschten 100 kcal erreichen. Hier ein Beispiel:

– 5 Minuten Gymnastik	25 kcal
– 10 Minuten schnell gehen	30 kcal
– 2 Minuten Treppensteigen	20 kcal
– 3 Minuten Dauerlauf	25 kcal
	100 kcal

Dies macht Sie auf Dauer nicht nur leichter, sondern auch beweglicher. Herz und Kreislauf und damit auch andere Organe werden leistungsfähiger. Sie fühlen sich besser und ermüden weniger rasch. Sie kommen weniger leicht außer Atem und geraten nicht so schnell ins Schwitzen.

Täglich etwas mehr Bewegung wirkt sich nicht nur entspannend auf Ihre Muskulatur aus, sondern auch auf Ihre Stimmungslage! Gymnastik wirkt außerdem der Faltenbildung entgegen.

Abschließend zu diesem Thema noch eine beispielhafte Gegenüberstellung, wieviel man, wenn man z.B. 70 kg schwer ist, für eine Flasche Bier (0,5 l), eine Tafel Schokolade (100 g) oder 100 g geröstete Erdnüsse tun muß, um die dort jeweils enthaltene Energie abzuarbeiten.

Es lohnt sich, darüber nachzudenken ...

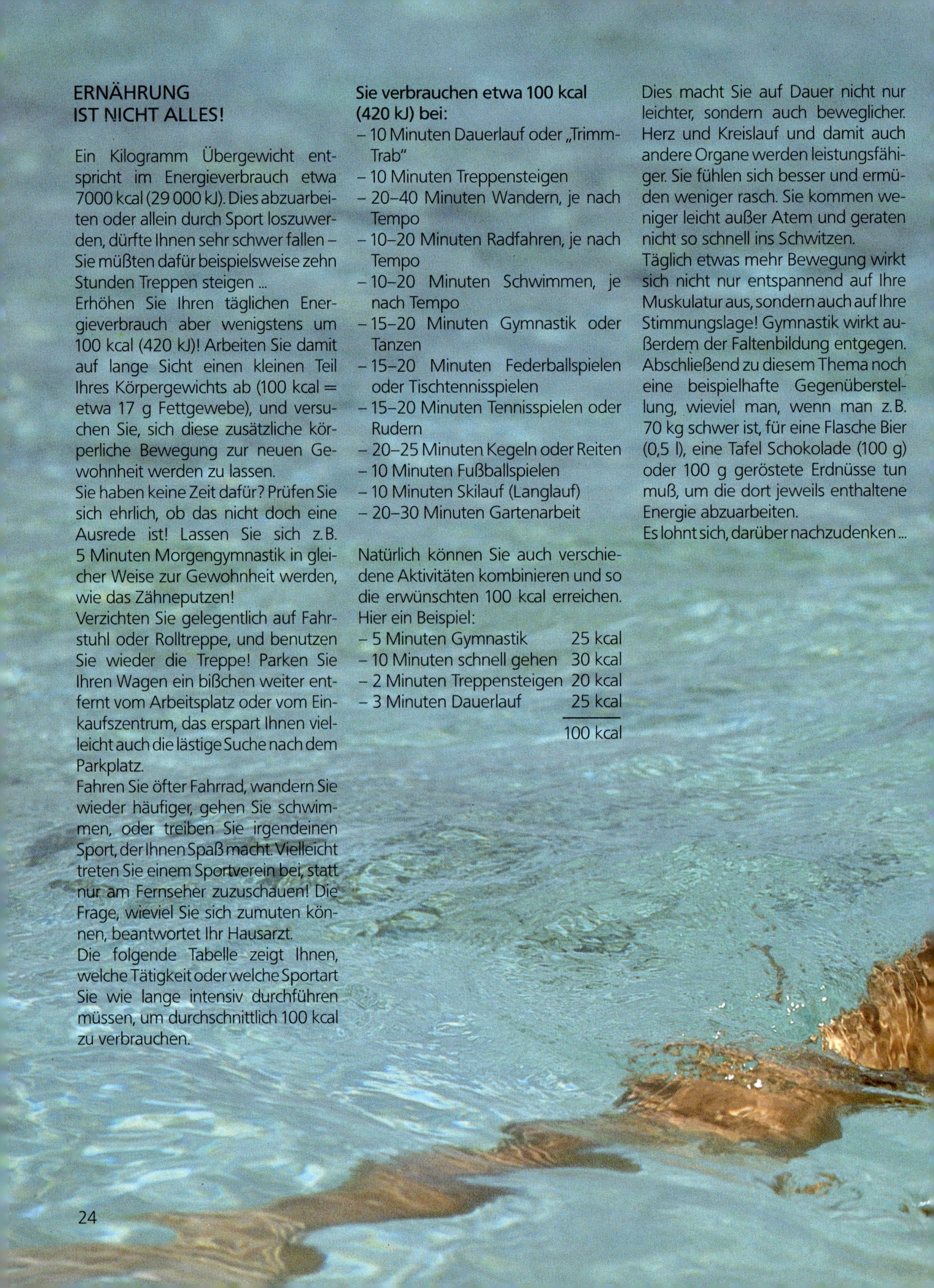

Für 1 Flasche Bier (0,5 l), etwa 225 kcal, müssen Sie

- 1 Stunde 15 Minuten spazierengehen oder
- 40 Minuten schwimmen oder
- 35 Minuten radfahren oder
- 20 Minuten dauerlaufen

Für 1 Tafel Schokolade (100 g), etwa 525 kcal, müssen Sie

- 3 Stunden spazierengehen oder
- 1 Stunde 40 Minuten schwimmen oder
- 1 Stunde 20 Minuten radfahren oder
- 45 Minuten dauerlaufen

Für 100 g geröstete Erdnüsse, etwa 630 kcal, müssen Sie

- 3 Stunden 30 Minuten spazierengehen oder
- 2 Stunden schwimmen oder
- 1 Stunde 40 Minuten radfahren oder
- 55 Minuten dauerlaufen

DER SCHLANKHEITSPLAN IM BAUKASTENSYSTEM

Nun geht's los!
Auf den folgenden Seiten finden Sie den Schlankheitsplan. Er setzt sich aus verschiedenen Baukästen zusammen. So gibt es einen Baukasten für das Frühstück, einen für die Zwischenmahlzeiten, einen für das Mittagessen und einen für das Abendessen.
Das System ist ganz einfach. Sie entnehmen dem jeweiligen Baukasten verschiedene Bausteine und setzen diese zu einer Mahlzeit zusammen. Wie das ganz genau gemacht wird, steht bei den einzelnen Mahlzeiten. Die roten Mengenangaben gelten für den 1200-kcal-Diätplan, die blauen Mengenangaben für den 1500-kcal-Diätplan. Sie sehen also auf einen Blick, wieviel Sie von diesem Lebensmittel essen dürfen. So können Sie ganz leicht Ihren persönlichen Schlankheitsplan gestalten. Wer trotzdem lieber nach einem strengen Plan abnehmen will, findet diesen ab Seite 62.
Zuvor jedoch noch einige Hinweise und praktische Tips, die Sie in Ruhe durchlesen sollten. Sie erleichtern Ihnen die richtige Durchführung und das Einhalten des Plans, denn nur dann stellt sich der Erfolg ein.

REGIEANWEISUNGEN FÜR DEN SCHLANKHEITSPLAN

Wieviel Kalorien?

Wählen Sie die für Sie persönlich zutreffende Diät aus:

1200 kcal (5000 kJ) für Frauen und junge Mädchen mit leichter körperlicher Tätigkeit im Alter von 18 bis 80 Jahren.

1500 kcal (6300 kJ) für Männer und Jugendliche mit leichter körperlicher Tätigkeit und für Frauen mit schwerer körperlicher Tätigkeit im Alter von 18 bis 80 Jahren.

Diese Energiemengen liegen etwa 1000 kcal unter dem jeweiligen durchschnittlichen Bedarf und ermöglichen eine Gewichtsabnahme von etwa einem Kilogramm pro Woche.

Welche Zeit?

Wie lange Sie diese Diät durchführen wollen, hängt von der Höhe Ihres Übergewichts und von Ihrem Wunschgewicht ab. Wir empfehlen vier Wochen, denn für diese Zeitspanne ist der Schlankheitsplan erarbeitet und geprüft. Haben Sie nach vier Wochen Ihr Wunschgewicht noch nicht erreicht, empfehlen wir eine Pause von vier Wochen und dann eine Wiederholung.

Was bringt der Schlankheitsplan?

5 Mahlzeiten täglich dürfen und sollten Sie verzehren. Häufige kleine Mahlzeiten erleichtern Ihnen das Durchhalten und lassen Hunger gar nicht erst aufkommen.

Die Mahlzeiten sind so abwechslungsreich und vielseitig zusammengestellt, daß sich Einweiß, Fett und Kohlenhydrate harmonisch ergänzen und daß Mineralstoffe, Vitamine und Ballaststoffe in ausreichender Menge enthalten sind.

Die Lebensmittel sind so gewählt, daß Sie diese Diät in jeder Situation durchführen können. Sie sind überall erhältlich.

„Schlankheitsplan" bedeutet kein starres Diätschema, sondern Planungshilfe für alle, die sich Gedanken darüber machen, wie sie auf optimale Weise Gewicht verlieren und auf Dauer ihr Ernährungsverhalten ändern können. Viele Gespräche mit Diätwilligen und Erfahrungen mit Diätmüden haben uns den Weg gezeigt. Selber planen, in einem vorgegebenen Rahmen, erleichtert das Einhalten einer Schlankheitskost, übt ein besseres Ernährungsverhalten und macht zugleich Spaß.

Sie finden für jede Mahlzeit, ob Frühstück, Zwischenmahlzeit, Mittagessen oder Abendessen

- erprobte Vorschläge für die Lebensmittelauswahl und eine Vielfalt an Austauschmöglichkeiten,
- Beispiele für die einzelnen Mahlzeiten mit Rezepten. Sie zeigen, wie sich aus den Vorschlägen die Schlankheitskost zusammenstellen läßt.

Komponieren Sie aus den Beispielen und Rezepten Ihren persönlichen Speiseplan!

Sie dürfen einzelne Mahlzeiten austauschen, z. B. das warme Mittagessen auf den Abend legen und das kalte Abendessen als Mittagsverpflegung mit an den Arbeitsplatz nehmen. In der Regel sollten Sie keine Mahlzeit ausfallen lassen, doch bei besonderen Gelegenheiten, wie Einladungen, Restaurantbesuch oder an Festtagen, dürfen Sie die Zwischenmahlzeiten mit einer Hauptmahlzeit kombinieren, um etwas größeren Spielraum zu haben.

Das Zubereiten von Einzelportionen in kleinen Mengen bereitet häufig Schwierigkeiten, kostet Zeit und viel Energie. Einfacher ist es und mehr Spaß bereitet es, sich mit anderen Abnehmewilligen aus der Familie, dem Freundeskreis oder am Arbeitsplatz zusammenzutun, gemeinsam zu kochen und zu essen. Ist das nicht möglich, haben wir uns einen anderen Weg überlegt, wie Sie einfach und schnell diätgerechte und abwechslungsreiche Gerichte zubereiten können. Unter der Überschrift „Aus eins mach vier" finden Sie Grundrezepte für 4 Portionen, die nach dem Schlankheitsplan erarbeitet wurden und sich im Tiefkühlfach gut aufheben lassen. Auf ihrer Basis lassen sich die unterschiedlichsten Gerichte herstellen. Diese Grundrezepte sind in erster Linie für Fleischspeisen gedacht, ebenso lassen sich aber auch Reis, Teigwaren und Vollkorngetreide, wie Weizen-, Grünkern- oder Hirsekörner, auf Vorrat garen.

Wenn Sie alle Mahlzeiten mit der für Sie ausgewählten Lebensmittelvielfalt und in den angegebenen Mengen zu sich nehmen, enthält Ihre Ernährung nach dem Schlankheitsplan folgende Mengen an Energie und Nährstoffen pro Tag:

Energie
1200 kcal
Eiweiß
60 g (20 cal-%)
Fett
40 g (30 cal-%)
Kohlenhydrate
145 g (50 cal-%)

Energie
1500 kcal
Eiweiß
80 g (20 cal-%)
Fett
50 g (30 cal-%)
Kohlenhydrate
185 g (50 cal-%)

MASSE UND GEWICHTE

In der folgenden Tabelle finden Sie Maße, Gewichte und Portionsgrößen, die dem Schlankheitsplan zugrunde liegen bzw. den üblichen Verpackungsgrößen entsprechen.
Diese Angaben können nur Durchschnittswerte darstellen, deshalb empfehlen wir Ihnen:

- Besorgen Sie sich eine Diät- oder Briefwaage und einen Meßbecher.
- Wiegen und messen Sie – zumindest in der ersten Woche – Ihre Fleisch-, Quark-, Obst- und Gemüseportion, die Scheibe Brot, Wurst oder Käse und das Fassungsvermögen Ihrer Tassen und Gläser.
- Tragen Sie die von Ihnen ermittelten Maße und Gewichte in die Tabelle ein und legen Sie bei der Zubereitung der Diät diese Größen zugrunde.

So gewinnen Sie die Sicherheit, daß Sie Ihre Diät exakt einhalten können, und Sie bekommen ein Gefühl für richtige Maß- und Gewichtseinheiten.

Maße, Gewichte und Portionsgrößen

Beilagen, Zutaten	1 TL, gestr. Gewicht im Ø	selbst gewogen	1 EL, gestr. Gewicht im Ø	selbst gewogen
Butter, Margarine	5 g		15 g	
Grieß	3 g		12 g	
Haferflocken	3 g		10 g	
Honig, Marmelade	10 g		20 g	
Mayonnaise	5 g		15 g	
Mehl	3 g		10 g	
Milch	5 g		15 g	
Öl	3 g		10 g	
Quark	15 g		30 g	
Reis, roh	5 g		15 g	

Getränke	Menge im Ø	selbst gemessen
Wasser- oder Saftglas, groß	200 ml	
klein	125 ml	
Becher	180 ml	
Kaffee- oder Teetasse	125 ml	
Weinglas	125 ml	

Brot	1 Scheibe/Stück Gewicht im Ø	selbst gewogen
Pumpernickel	50 g	
Vollkornbrot	50 g	
Grahambrot	50 g	
Toastbrot	25 g	
Knäckebrot	10 g	
Brötchen	40–50 g	
Zwieback	10 g	
Butterkeks, Kracker	5 g	

Brotbelag	1 Scheibe/Stück Gewicht im Ø	selbst gewogen
Bierschinken	30 g	
Corned beef, deutsch	35 g	
Fleischkäse/Leberkäse	30 g	
Fleischwurst	10 g	
Lachsschinken	10 g	
Salami	5–10 g	
Schinken, gekocht	40 g	
Schmelzkäse	20 g	
Schnittkäse	30 g	
Camembert, 1 Ecke	62 g	
Handkäse, 1 Stück	50 g	
Schmelzkäse, 1 Ecke	25 g	
Ei, 1 Stück	40–60 g	

EINKAUF UND ZUBEREITUNG

Die richtige Auswahl der Lebensmittel beim Einkauf und eine schonende Zubereitung sind Voraussetzung für das Gelingen der Diät. Sie sollten folgendes wissen:

BROT

Erlaubt ist grundsätzlich jedes Brot, doch sollten Sie die dunklen Brotsorten bevorzugen. Diese enthalten mehr Mineralstoffe, Vitamine und Ballaststoffe, und sie sättigen besser. Auch abgelagertes Brot sättigt besser und eignet sich gut zum langsamen Essen.
Eine gute Alternative zur Brotmahlzeit am Morgen sind Müsli und Breie aus Haferflocken und Vollkorn.

MILCH UND MILCHPRODUKTE

Sie sind wichtig für die Versorgung mit Calcium. Achten Sie beim Einkauf auf den Fettgehalt – er ist jeweils in Prozent Fett in der Trockenmasse (% Fi.Tr.) angegeben. Bevorzugen Sie magere Käsesorten, zum Beispiel mit 30% Fi.Tr. und fettarme Milch und Milchprodukte (mit 1,5% Fett).

FLEISCH UND FLEISCHWAREN

Die **angegebene Menge** entspricht jeweils dem **verzehrbaren Anteil in ungegartem Zustand.**
Entfernen Sie vor oder nach dem Garen alles sichtbare Fett. Lassen Sie sich das Schnitzel oder Steak vom Metzger gleich in der richtigen Größe schneiden und kochen Sie auf Vorrat. Wollen oder können Sie das Fleisch erst in gegartem Zustand wiegen, gilt folgende Berechnungsgrundlage:

- Kalbfleisch
  100 g roh = 75 g gegart
- Leber
  100 g roh = 80 g gebraten
- Rindfleisch
  100 g roh = 70 g gegart
- Roastbeef, rosa
  100 g roh = 80 g gebraten
- Schweinefleisch
  100 g roh = 70 g gegart
- Brathuhn
  100 g roh = 70 g gebraten

Verwenden Sie für die Zubereitung des Fleisches nur die im Plan angegebene Fettmenge, dann können Sie den Bratenfond oder die Soße auch mitverzehren. Steht laut Plan kein Fett zur Verfügung, garen Sie das Fleisch in einer Folie, in einer kunststoffbeschichteten Pfanne oder im Grill.
Für den Einkauf von Wurst und Fleischwaren ist zu beachten, daß der Fettgehalt, dadurch bedingt der Energiegehalt, in den einzelnen Sorten sehr stark schwankt. Dies spiegelt sich auch in den unterschiedlichen Portionsgrößen der Austauschlisten wieder. Je niedriger der Fettgehalt, desto mehr dürfen Sie davon essen. Es empfiehlt sich also, fettarme Wurstsorten zu bevorzugen.

KOCH- UND STREICHFETTE

Geeignet sind Butter, Margarine, Öle, Back- und Bratfette in der angegebenen Menge. Wiegen oder messen Sie Ihre Portion genau ab, denn ein Teelöffel Fett bringt schon etwa 40 kcal. Bevorzugen Sie Margarine- und Ölsorten mit einem hohen Gehalt an mehrfach ungesättigten Fettsäuren.
Wollen Sie Halbfettbutter oder Halbfettmargarine verwenden, denken Sie daran, daß dies Streichfette sind und Sie sich deshalb nicht zum Braten, Backen und Kochen eignen.

FISCH UND FISCHWAREN

Wählen Sie fettarme Fischarten, wie Kabeljau, Rotbarsch, Seelachs, Schellfisch oder Forelle, so steht Ihnen eine größere Portion zur Verfügung. Ebenso verhält es sich beim Vergleich von geräucherten Seefischen mit Heringsmarinaden. Bevorzugen Sie Seefisch, er ist reich an Jod.
Vermeiden Sie panierte Fischgerichte, denn die Panade nimmt beim Braten sehr viel Fett auf. Fisch als Filet, Schwanzstück oder als ganzer Fisch läßt sich fettarm und wohlschmekkend auf einem Gemüsebett in der Folie, auf einem Dämpfeinsatz oder in der Backröhre garen.

STÄRKEHALTIGE BEILAGEN

Bevorzugen Sie Vollkornprodukte, wie Naturreis und Vollkornnudeln, sie versorgen Sie mit wichtigen Vitaminen und Ballaststoffen. Die **angegebenen Mengen** beziehen sich auf das **Rohgewicht.** Wollen Sie diese Lebensmittel erst in gegartem Zustand wiegen, nehmen Sie die zweieinhalb- bis dreifache Menge.

So ergeben beispielsweise:
- Reis
  30 g roh = 90 g gegart
  45 g roh = 135 g gegart
- Teigwaren
  30 g roh = 90 g gegart
  45 g roh = 135 g gegart
- Vollkorngetreide
  30 g roh = 90 g gegart
  45 g roh = 135 g gegart

Kartoffeln behalten beim Garen ihr Gewicht, doch muß man wissen, daß beim Schälen etwa 30 % als Küchenabfall wegfallen.

So entsprechen beispielsweise:
Salzkartoffeln
125 g geschält = 165 g ungeschält
150 g geschält = 200 g ungeschält
Pellkartoffeln
125 g gepellt = 140 g ungepellt
150 g gepellt = 165 g ungepellt

GEMÜSE UND SALATE

Diese eignen sich gut als Magenfüller und vertreiben den Hunger. Zugleich versorgen sie uns mit Mineralstoffen, Vitaminen und Ballaststoffen. Da die einzelnen Mineralstoffe wie Eisen, Calcium, Kalium usw. und die Vitamine A, B_1, B_2 und C in den verschiedenen Gemüsesorten in sehr unterschiedlicher Menge enthalten sind, sollten Sie Ihre Mahlzeiten abwechslungsreich zusammenstellen.
Die in den Rezepten und im Diätplan **angegebenen Mengen** beziehen sich auf **rohes, geputztes oder geschältes Gemüse bzw. Kartoffeln.** Zur Erleichterung des Einkaufs finden Sie in der folgenden Aufstellung die durchschnittliche Höhe des Küchenabfalls:
Verwenden Sie **gefrorenes, eingedostes oder gegartes Gemüse,** müssen Sie etwa **10% abziehen,** um auf den „Rohwert" zu kommen.
Bereiten Sie das Gemüse stets im geschlossenen Topf mit wenig Wasser in so kurzer Zeit wir möglich zu. Dämpfen und Dünsten sind schonende Zubereitungsarten, bei denen die wertvollen Inhaltsstoffe und die Geschmacksstoffe weitgehend erhalten bleiben. Essen Sie täglich eine Portion der angegebenen Gemüsemenge als Frischkost, die Rezepte auf Seite 60 helfen Ihnen, die richtige Auswahl zu treffen.

Gemüsesorte	Küchenabfall (Durchschnittswerte)	Für 100 g eßbaren Anteil müssen Sie somit einkaufen
Blumenkohl	40%	= etwa 165 g
Bohnen, grün	5%	= etwa 110 g
Chicorée	10%	= etwa 110 g
Chinakohl	20%	= etwa 120 g
Endiviensalat	25%	= etwa 130 g
Gurken	25%	= etwa 130 g
Kohlrabi	35%	= etwa 150 g
Kopfsalat	30%	= etwa 145 g
Möhren, Karotten	20%	= etwa 125 g
Paprika	25%	= etwa 130 g
Porree (Lauch)	40%	= etwa 165 g
Rosenkohl	20%	= etwa 125 g
Rotkohl	20%	= etwa 125 g
Tomaten	5%	= etwa 105 g
Weißkohl	20%	= etwa 125 g

OBST

Dies ist in der Diät in ausreichender Menge enthalten. Essen Sie bitte nicht mehr, als in Ihrem Plan angegeben.
Die im Plan **angegebenen Mengen** beziehen sich auf den **verzehrbaren Anteil.** Wiegen Sie also das Obst erst in geschälter, entkernter oder entstielter Form.
Sollte dies nicht möglich sein, können Sie aus der folgenden Übersicht den durchschnittlichen Küchenabfall ermitteln und daraus die für Sie erlaubte Menge als Rohware berechnen, also in der Form, wie Sie das Obst auf dem Markt oder im Geschäft einkaufen oder selbst ernten.

Obstart	Küchenabfall (Durchschnittswerte)	Für 100 g eßbaren Anteil müssen Sie somit einkaufen
Ananas	45%	= etwa 180 g
Apfel (entkernen)	8%	= etwa 110 g
Apfel (schälen und entkernen)	25%	= etwa 135 g
Aprikosen	10%	= etwa 110 g
Bananen	30%	= etwa 145 g
Birnen (entkernen)	5%	= etwa 110 g
Erdbeeren	3%	= etwa 105 g
Grapefruit	30%	= etwa 140 g
Johannisbeeren	2%	= etwa 105 g
Kirschen	10%	= etwa 115 g
Mandarinen	35%	= etwa 150 g
Orangen	30%	= etwa 140 g
Pfirsich	10%	= etwa 110 g
Pflaume	5%	= etwa 105 g
Wassermelonen	55%	= etwa 220 g
Weintrauben	5%	= etwa 105 g

GEWÜRZE, KÜCHENKRÄUTER UND KOCHSALZ

Erlaubt und geeignet sind alle frischen, gefrorenen und getrockneten Küchenkräuter und alle Gewürze. Denken Sie aber daran: Scharf gewürzte Speisen regen den Appetit an! Auch Kochsalz ist erlaubt, Sie sollten es aber sparsam verwenden, da das Salz (Natrium) im Körper Wasser bindet!
Die folgende Darstellung bringt Ihnen in Erinnerung, was es alles an Kräutern und Gewürzen gibt und hilft Ihnen, das Kochsalz einzusparen.

Erlaubt sind Gewürze aller Art:

z. B. Cayennepfeffer
Curry
Ingwer
Kümmel
Muskat
Paprika
Pfeffer
Vanilleschote
Zimt

Erlaubt sind Kräuter aller Art (frisch, getrocknet, tiefgefroren):

z. B. Basilikum
Dill
Kerbel
Kresse
Majoran
Oregano
Petersilie
Rosmarin
Schnittlauch

ZUCKER/SÜSSUNGSMITTEL

Zucker ist während der Diät nicht erlaubt. Zum Süßen eignen sich Süßstoffe wie Saccharin, Cyclamat und Aspartam (Canderel), die in Tablettenform, flüssig und in Pulverform angeboten werden.
Zuckeraustauschstoffe wie Sorbit, Fructose (Fruchtzucker) oder Xylit, enthalten ebensoviel Energie wie Zukker und sind deshalb in unserer Diät verboten.

GETRÄNKE

Während einer Reduktionsdiät muß man mehr als üblich trinken; ein bis eineinhalb Liter täglich sind zu empfehlen.
Geeignet sind Mineralwasser, kalorienfreie und kalorienarme Getränke (= weniger als 5 kcal auf 100 ml), alle Teesorten und Kaffee.
Auf Alkohol sollten Sie während der Kur verzichten. Alkoholische Getränke liefern zusätzliche Energie.

DIE KLEINEN „EXTRAS"

Mit kleinen „Extras" dürfen Sie Ihre Mahlzeiten und Getränke ergänzen und abwechslungsreicher gestalten, beachten Sie aber bitte, daß die angegebenen Mengen Höchstwerte darstellen.
Sie können zum Beispiel mit etwas saurer Sahne Ihren Bratensaft oder Ihr Ragout verfeinern, Tomatenmark oder Senf unter Ihre Käse- oder Wurstscheibe streichen oder auch unter Ihre Marmelade etwas saure Sahne geben. Denken Sie jedoch immer daran, daß Sie nur einmal am Tag diese kleinen Extras verzehren dürfen, sonst kommt Ihr Schlankheitsplan durcheinander.

Lebensmittel	täglich nicht mehr als
Gelatine	3 Blatt
Geleespeise ohne Zucker	200 ml
Gewürzgurke	1 Stück
Kakaopulver ohne Zucker	1 TL
Käse, gerieben	1 TL
Kleie (oder im Austausch gegen ½ Scheibe Brot = 3 EL)	1 EL
Knoblauch	„Freunde fragen"
Kondensmilch, 2–5 % Fett	2 EL
Kondensmilch, 7–10 % Fett	2 TL
Meerrettich, frisch gerieben	1 EL
Saure Sahne	1 EL
Senf	1 EL
Sojasoße	1 EL
Tomatenketchup	1 TL
Tomatenmark	1 EL
Zitronensaft	3 EL
Zwiebel, feingewürfelt	3 EL

FRÜHSTÜCK ZUR GEWICHTSREDUKTION

Dieses Frühstück liefert Ihnen durchschnittlich 300 kcal/370 kcal, 14 g/18 g Eiweiß, 9 g/12 g Fett und 45 g/50 g Kohlenhydrate. Wählen Sie aus jeder Gruppe einen Baustein.

Lebensmittelgruppe 1

Vollkornbrot
75 g 75 g
je 1½ Sch.

Roggenbrot
75 g 75 g
je 1½ Sch.

Grahambrot
75 g 75 g
je 1½ Sch.

Mischbrot
75 g 75 g
je 1½ Sch.

Brötchen
75 g 75 g
je 1½ St.

Knäckebrot
40 g 40 g
je 4 Sch.

Haferflocken
40 g 40 g
je 4 EL

Vollkornschrot
45 g 45 g
je 3 EL

Müslimischung
30 g 30 g
je 2 EL

Corn-flakes
35 g 35 g
je 7 EL

Lebensmittelgruppe 2

Schnittkäse,
30% F.i.Tr.
30 g 45 g
(Edamer, Gouda, Tilsiter)

Weichkäse,
30% F.i.Tr.
40 g 50 g
(Camembert, Schmelzkäse)

Harzer Käse
50 g 75 g

Körniger Frischkäse
50 g 75 g
+ Butter
5 g 7 g

Magerquark
50 g 75 g
+ Butter
5 g 7 g

Eier
1 St. 1 St.
(Kl. 6) (Kl. 3)

Geflügelwurst
30 g 45 g

Schinken,
ohne Fettrand
30 g 45 g

Milch, 1,5% F.
200 ml 300 ml

Joghurt, Dickmilch, 1,5% F.
150 g 200 g

Lebensmittelgruppe 3

Salatgurke
75 g 75 g
+ Marmelade
1 TL 1½ TL

Tomate
75 g 75 g
+ Marmelade
1 TL 1½ TL

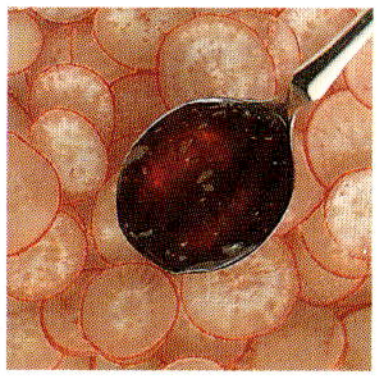

Radieschen
75 g 75 g
+ Marmelade
1 TL 1½ TL

Paprikaschote
75 g 75 g
+ Marmelade
1 TL 1½ TL

Obst
100 g 125 g
(z. B. Apfel)

Obst
100 g 125 g
(z. B. Orange)

Trockenobst
30 g 40 g

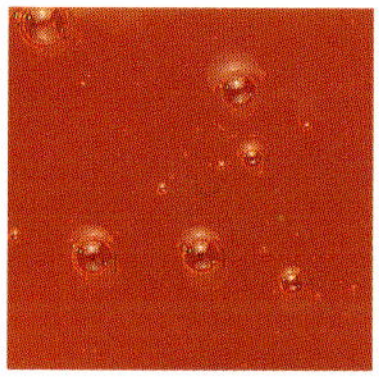

Gemüsesaft
100 ml 25 ml

Lebensmittelgruppe 4

Menge unbegrenzt

Kaffee

Kräutertee

Früchtetee

Schwarzer Tee

Beispiele für das Frühstück

Wählen Sie aus jeder Lebensmittelgruppe einen Baustein aus, und gestalten Sie damit Ihr Frühstück. Sie dürfen auch jeweils zwei halbe Bausteine aus einer Lebensmittelgruppe entnehmen. Auf keinen Fall dürfen Sie aus einer Gruppe zwei Bausteine nehmen, dafür aus einer anderen Gruppe keinen Baustein. Sie können mit diesen Bausteinen auch sehr gut ein Müsli zubereiten.

1. Vorschlag:
Brötchen und ½ Scheibe Vollkornbrot mit Quark und Marmelade

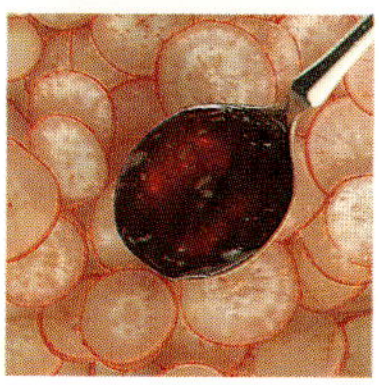

Das Brötchen mit dem Quark und der Marmelade bestreichen. Das Vollkornbrot mit der Butter bestreichen, mit den Radieschenscheiben belegen.

2. Vorschlag:
Corn-flakes mit frischer Milch und Orange

Die Corn-flakes mit Milch übergießen, die Orange kleinschneiden und dazugeben.

3. Vorschlag:
Vollkornmüsli

Das Vollkornschrot mit dem Trockenobst mischen, mit der Milch übergießen und über Nacht im Kühlschrank quellen lassen.
(Beim Essen gut kauen)

4. Vorschlag:
Roggenbrot mit Tomatenrührei

Die Tomaten achteln, in einer beschichteten Pfanne dünsten, das Ei verquirlen, über die Tomaten geben und unter Rühren stocken lassen. Das Rührei auf eine Scheibe Brot geben. Die halbe Scheibe mit der Marmelade bestreichen.

ZWISCHENMAHLZEITEN ZUR GEWICHTSREDUKTION

Nehmen Sie zwei Zwischenmahlzeiten zu sich, eine vormittags und eine nachmittags. Sie liefern Ihnen jeweils durchschnittlich 130 kcal/170 kcal, 5 g/7 g Eiweiß, 2 g/3 g Fett und 20 g/30 g Kohlenhydrate. Nehmen Sie aus jeder Gruppe einen Baustein.

Lebensmittel-gruppe 1

Apfel
150 g 200 g
1/1½ St.

Birne
150 g 200 g
1/1½ St.

Mandarine
150 g 200 g

Orange
150 g 200 g

Pfirsich/Nektarine
150 g 200 g

Ananas
150 g 200 g

Kirschen
125 g 175 g

Pflaumen
125 g 175 g

Weintrauben
125 g 175 g

Grapefruit
175 g 200 g

Erdbeeren
175 g 200 g

Kiwi
175 g 200 g

Honigmelone
200 g 250 g

Wassermelone
250 g 300 g

Gemüse
75 g 75 g
+ Knäckebrot
15 g 30 g

Gemüse
75 g 75 g
+ Roggen-brötchen
25 g 50 g

Corn-flakes
20 g 30 g
4/6 EL

Haferflocken
20 g 30 g
2/3 EL

Vollkornkekse
15 g 30 g
2–3/4–5 St.

Lebensmittelgruppe 2

Milch, 1,5 % F.
150 ml 150 ml
je 1 Tasse

Joghurt, 1,5 % F.
150 g 150 g
je 1 Becher

Buttermilch
200 ml 200 ml
je 1 Glas

Joghurt, 1,5 % F.
mit Früchten
100 g 100 g

Magerquark
75 g 75 g

Schnittkäse,
30 % F.i.Tr.
30 g 30 g

Weichkäse,
30 % F.i.Tr.
40 g 40 g

Doppelrahm-frischkäse
20 g 20 g

Lebensmittelgruppe 3

Menge unbegrenzt

Früchtetee

Kräutertee

Kaffee

Schwarzer Tee

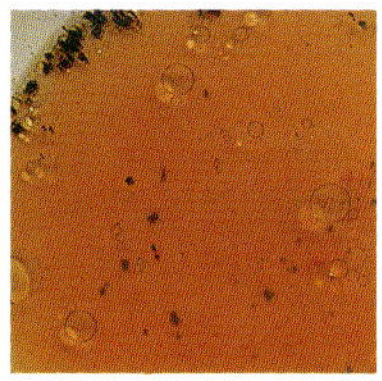
Klare Fleischbrühe

Beispiele für die Zwischenmahlzeiten

Wählen Sie aus jeder Lebensmittelgruppe einen Baustein aus, und gestalten Sie damit Ihre Zwischenmahlzeiten. Sie dürfen auch jeweils zwei halbe Bausteine aus einer Lebensmittelgruppe nehmen. Auf keinen Fall dürfen Sie aus einer Gruppe zwei Bausteine nehmen, dafür aus einer anderen Gruppe keinen Baustein. Die Getränke wurden bei den folgenden Beispielen nicht mehr extra aufgeführt. Was Sie trinken dürfen, entnehmen Sie bitte der Gruppe 3.

1. Vorschlag:
Zimtjoghurt mit Corn-flakes

Den Joghurt mit Zimt und Süßstoff abschmecken, die Corn-flakes unterrühren.

2. Vorschlag:
Gefüllte Tomate

Die Tomate aushöhlen. Den Quark mit etwas Wasser glattrühren und mit feingehackten Kräutern mischen, in die Tomate füllen. Dazu Knäckebrot essen.

MITTAGESSEN ZUR GEWICHTSREDUKTION

Das Mittagessen liefert Ihnen 350 kcal/415 kcal, 22 g/28 g Eiweiß, 19 g/22 g Fett und 25 g/30 g Kohlenhydrate. Gestalten Sie diese Mahlzeit so abwechslungsreich wie möglich. Nehmen Sie aus jeder Gruppe einen Baustein.

Lebensmittelgruppe 1

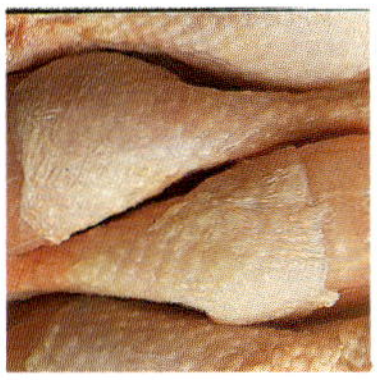

Geflügelfleisch, roh
100 g 125 g

Fleisch, roh
100 g 125 g
(Kalb, Rind, Schwein, Wild)

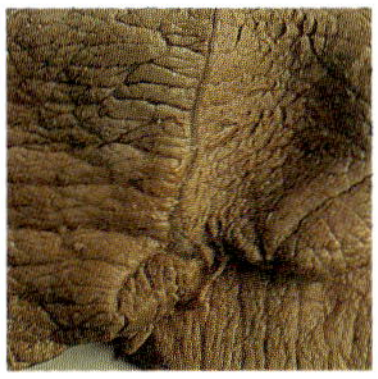

Fleisch, gegart
70 g 90 g

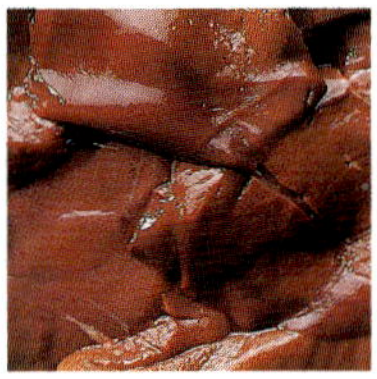

Kalb-/Schweineleber
100 g 125 g

Rinderhack
75 g 100 g

Seefisch, fettarm
150 g 175 g

Fischmarinaden
75 g 100 g

Eier
2 St. 2 St.

Hülsenfrüchte
70 g 100 g

Magerquark
150 g 200 g
+ Butter
5 g 10 g

Schnittkäse, 30 % Fi.Tr.
50 g 60 g

Milch, 1,5 % F.
300 ml 400 ml

Schinken, ohne Fettrand
50 g 60 g

Lebensmittelgruppe 2

Kartoffeln
125 g 150 g

Naturreis, roh
30 g 45 g

Vollkornnudel, roh
30 g 45 g

Vollkorngetreide, roh
30 g 45 g
(Hirse, Grünkern, Roggen, Weizen)

Brot
50 g 75 g
1 1½ Sch.

Lebensmittel-gruppe 3

Gemüse
200 g 250 g
z. B. Champignons

Gemüse
200 g 250 g
z. B. Blumenkohl

Gemüse
150 g 200 g
+ Blattsalat
50 g 50 g

Erbsen, grün
100 g 100 g

Mais
100 g 100 g

Lebensmittel-gruppe 4

Butter/Margarine
5 g 5 g
je 1 TL

Mayonnaise
5 g 5 g
je 1 TL

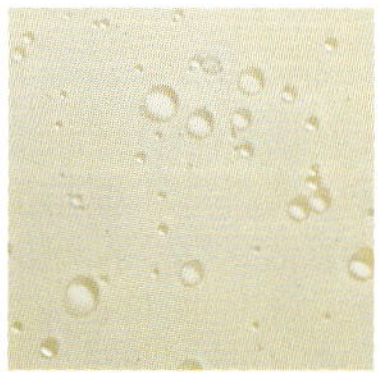
Öl
5 g 5 g
je 1 TL

Saure Sahne, 10 % F.
30 g 30 g
je 2 EL

Schlagsahne, 30 % F.
15 g 15 g
je 1 EL

Speck, durchwachsen
7 g 7 g

Salatsoßen
50 g 50 g
je 2 EL
(Rezepte siehe Seite 61)

Joghurt, 1,5 % F.
100 g 125 g

Lebensmittel-gruppe 5

Menge unbegrenzt

Mineralwasser

Limonade, kalorienreduziert

Klare Fleischbrühe

Gemüsebrühe

Beispiele für das Mittagessen

Wählen Sie aus jeder Lebensmittelgruppe einen Baustein aus, und gestalten Sie damit Ihr Mittagessen. Sie dürfen auch jeweils zwei halbe Bausteine aus einer Lebensmittelgruppe nehmen. Auf keinen Fall dürfen Sie aus einer Gruppe zwei Bausteine nehmen, dafür aus einer anderen Gruppe keinen Baustein. Die Getränke wurden bei den folgenden Beispielen nicht mehr extra aufgeführt. Was Sie trinken dürfen, entnehmen Sie bitte der Lebensmittelgruppe 5.

1. Vorschlag:
Kalbsgeschnetzeltes mit Vollkornnudeln und Tomatensalat

Das Kalbfleisch in dünne Streifen schneiden, im heißen Öl anbraten, salzen, pfeffern. 50 g Champignons und 50 g in Scheiben geschnittene Zwiebeln dazugeben und mitdünsten. Die Vollkornnudeln in Salzwasser garen. Tomaten in Scheiben schneiden und mit Salz und Pfeffer würzen.

2. Vorschlag:
Fisch in der Folie mit Blattspinat und Salzkartoffeln

50 g Wurzelgemüse würfeln, in die Bratfolie geben, darauf den Fisch legen und im heißen Ofen bei 200 °C etwa 30 Minuten garen. Den Blattspinat in etwas Butter dünsten, mit den in Salzwasser gegarten Kartoffeln und dem Fisch servieren.

3. Vorschlag:
Kartoffelgratin mit Feldsalat

Die Kartoffeln in Salzwasser garen und in Scheiben schneiden. Zusammen mit 25 g Schinken und den Tomaten in eine Auflaufform schichten. Den Käse reiben, mit dem Joghurt verrühren und über den Auflauf geben. Mit Salz und Pfeffer würzen. Im vorgeheizten Backofen bei 200 °C 10 Minuten überbacken. Den Feldsalat mit etwas Zitronensaft, Salz und Pfeffer würzen.

Kochen auf Vorrat „Aus eins mach vier" Gulaschgerichte

Schweinegulasch
(Grundrezept)

400 g	500 g	Schweinefleisch (Oberschale)
1 TL	1 TL	Öl
500 g	500 g	Zwiebeln
1 EL	1 EL	Paprika edelsüß
½ l	½ l	Fleischbrühe

1. Das Fleisch in Würfel schneiden und im heißen Öl rasch anbraten. Die Zwiebeln in Würfel schneiden, dazugeben und mitbraten.
2. Das Paprikapulver untermischen, mit der Fleischbrühe auffüllen und in 45 Minuten gar schmoren. (Druckgaren ca. 15 Minuten)
3. Das Gulasch in 4 Portionen teilen und weiterverarbeiten oder aufbewahren.

Haltbarkeit:
Kühlschrank – 4 Tage
Tiefkühlfach – 4 Wochen

Ungarisches Gulasch mit Vollkornnudeln und Salat

30 g	45 g	Vollkornnudeln
1 Por.	1 Por.	Schweinegulasch
1 TL	1 TL	Paprika, edelsüß
1 TL	1 TL	Parmesankäse
75 g	75 g	Endiviensalat
2 EL	2 EL	Vinaigrette (Rezept siehe Seite 61)

1. Die Nudeln in Salzwasser gar kochen. Das Schweinegulasch erhitzen, mit dem Paprikapulver mischen, auf den Nudeln anrichten und mit Parmesankäse bestreuen.
2. Den Salat in Streifen schneiden und mit der Vinaigrette anmachen.

Reisfleisch

1	1	Zwiebel
200 g (1)	200 g (1)	Paprikaschote
½ TL	½ TL	Öl
30 g	45 g	Naturreis
75 ml	100 ml	heiße Fleischbrühe
1 Por.	1 Por.	Schweinegulasch
		Pfeffer, Salz

1. Die Zwiebel und die Paprikaschote in Würfel schneiden und im heißen Öl andünsten.
2. Den Naturreis dazugeben und weiterdünsten, mit der Fleischbrühe aufgießen und den Reis ausquellen lassen.
3. Das Schweinegulasch erwärmen, untermischen und mit Pfeffer und Salz pikant abschmecken.

Szekler Gulasch mit Kartoffelpüree

200 g	200 g	Sauerkraut
1	1	Zwiebel
½ TL	½ TL	Öl
		Kümmel
1 TL	1 TL	Paprika, edelsüß
1 TL	1 TL	Tomatenmark
1 Por.	1 Por.	Schweinegulasch
2 EL	2 EL	Joghurt, 1,5 % F.
125 g	150 g	Kartoffeln
3 EL	5 EL	heiße Milch

1. Das Sauerkraut und die gewürfelte Zwiebel im heißen Öl anbraten, mit Kümmel und Paprika bestreuen, das Tomatenmark dazugeben und im geschlossenen Topf 15 Minuten dünsten.
2. Das Gulasch untermischen und weitere 10 Minuten schmoren lassen. Nach dem Anrichten den Joghurt in die Mitte geben.
3. Die Kartoffeln in Salzwasser garen, pürieren oder mit einer Gabel zerquetschen und mit der Milch glattrühren.

Schweinefleisch, süß-sauer, mit Reis und Blumenkohl

2 EL	2 EL	Wasser
1 TL	1 TL	Essig
etwas		Sojasoße
etwas		Ingwerpulver
etwas		Süßstoff
75 g	75 g	Kürbis (oder Zucchini)
75 g	75 g	Möhren
1 Por.	1 Por.	Schweinegulasch
30 g	45 g	Naturreis
200 g	200 g	Blumenkohl

1. Das Wasser mit dem Essig, der Sojasoße, dem Ingwerpulver und dem Süßstoff erhitzen, den kleingeschnittenen Kürbis und die gewürfelten Möhren dazugeben und gar ziehen lassen.
2. Das Schweinegulasch untermischen. Den Naturreis in Salzwasser ausquellen lassen. Den Blumenkohl in Röschen teilen und in Salzwasser gar dämpfen.
3. Das Fleisch mit dem Reis und dem Blumenkohl servieren.

Fotos von links nach rechts:
Ungarisches Gulasch mit Vollkornnudeln und Salat
Reisfleisch
Szekler Gulasch mit Kartoffelpüree
Schweinefleisch, süß-sauer, mit Reis und Blumenkohl

Kochen auf Vorrat „Aus eins mach vier" Rindfleischgerichte

Gekochtes Rindfleisch

(Grundrezept)

400 g	500 g	Rindfleisch (Beinscheibe, Querrippe oder Nacken)
1 Bund	1 Bund	Suppengrün
1	1	Zwiebel
1	1	Lorbeerblatt

1. Das Rindfleisch, wie gewachsen, zusammen mit dem geputzten Suppengrün, der halbierten Zwiebel und dem Lorbeerblatt in 1 l kochendem Salzwasser 90 Minuten garen. (Druckgaren ca. 20 Minuten)
2. Das gekochte Rindfleisch in 4 Portionen teilen, sichtbares Fett abschneiden und die Fleischportionen zusammen mit der Brühe weiterverarbeiten oder aufbewahren.

Haltbarkeit:
Kühlschrank – 4 Tage
Tiefkühlfach – 4 Wochen

Tellerfleisch mit Bouillonkartoffeln

1	1	Möhre
1 Stange	1 Stange	Lauch
1 St.	1 St.	Sellerie
125 g	150 g	Kartoffeln
1 TL	1 TL	Öl
¼ l	¼ l	heiße Fleischbrühe
1 Por.	1 Por.	gekochtes Rindfleisch

1. Das Gemüse und die Kartoffeln in Würfel schneiden und in einem geschlossenem Topf im heißen Öl andünsten.
2. Die Fleischbrühe aufgießen und das Gemüse so lange garen, bis es weich ist, mit dem heißen Rindfleisch anrichten.

Gekochtes Rindfleisch in Kräutermarinade

½ Bund	½ Bund	frische Kräuter
3 EL	3 EL	Fleischbrühe
1 TL	1 TL	Essig
1 Por.	1 Por.	gekochtes Rindfleisch
125 g	150 g	kleine Kartoffeln
75 g	75 g	Feldsalat
2 EL	2 EL	Kräuter-Sahne-Soße (Rezept siehe Seite 61)

1. Die Kräuter fein hacken, mit der Fleischbrühe und dem Essig mischen und über das Fleisch geben, 30 Minuten durchziehen lassen.
2. Die Kartoffeln in der Schale garen, pellen, halbieren und in einer beschichteten Pfanne rösten.
3. Den Feldsalat waschen und mit der Soße mischen

Bohnen-Tomaten-Eintopf

1	1	Zwiebel
150 g	200 g	grüne Bohnen
50 g	75 g	Tomaten
1 TL	1 TL	Öl
¼ l	¼ l	Fleischbrühe
125 g	150 g	Kartoffeln
1 Por.	1 Por.	gekochtes Rindfleisch
		Basilikum,
		Paprika, Salz

1. Die Zwiebel in Würfel schneiden, mit den Bohnen und den Tomaten im heißen Öl andünsten, mit der Fleischbrühe auffüllen.
2. Die Kartoffeln in Würfel schneiden, dazugeben und bei geringer Wärmezufuhr fertig garen. Das Rindfleisch in Würfel schneiden und im Eintopf erwärmen. Mit den Gewürzen abschmecken.

Wirsingeintopf

1	1	Zwiebel
1 TL	1 TL	Öl
200 g	250 g	Wirsing
125 g	150 g	Kartoffeln
¼ l	¼ l	heiße Fleischbrühe
1 Por.	1 Por.	gekochtes Rindfleisch
		Salz, Pfeffer

1. Die Zwiebel in Würfel schneiden und im heißen Öl andünsten. Den Wirsing waschen, grob schneiden und dazu geben. Die Kartoffeln schälen, in Würfel schneiden und mit dem Wirsing zu den Zwiebeln geben.
2. Die Fleischbrühe angießen und bei geringer Wärmezufuhr fertig garen. Das Rindfleisch in Würfel schneiden und im Eintopf erwärmen. Mit Salz und Pfeffer abschmecken.

Fotos von links nach rechts:
Tellerfleisch mit Bouillonkartoffeln
Gekochtes Rindfleisch in Kräutermarinade
Bohnen-Tomaten-Eintopf
Wirsingeintopf

Kochen auf Vorrat „Aus eins mach vier" Hackfleischgerichte

Hackfleischmasse
(Grundrezept)

300 g	400 g	Rinderhack
1	1	Ei
1	1	Brötchen
1	1	Zwiebel
		Salz, Pfeffer, Majoran

1. Das Rinderhack mit dem Ei und dem in Wasser eingeweichten und gut ausgedrückten Brötchen mischen.
2. Die Zwiebel in Würfel schneiden, mit der Masse gründlich vermengen und mit den Gewürzen abschmecken.
3. Die Masse in 4 Portionen teilen, sofort weiterverarbeiten und erst dann aufbewahren.

Haltbarkeit:
Kühlschrank – 3 Tage
Tiefkühlfach – 14 Tage

Gefüllte Paprikaschote, Reis und Tomate

150 g	150 g	Paprikaschote
1 Por.	1 Por.	Hackfleischmasse
1 TL	1 TL	Öl
⅛ l	⅛ l	Fleischbrühe oder Tomatensaft
30 g	45 g	Naturreis
75 ml	100 ml	Gemüse- oder Fleischbrühe
1	1	Tomate
		Salz, Pfeffer

1. Die Paprikaschote aushöhlen, mit der Hackfleischmasse füllen und im heißen Öl anbraten. Die Fleischbrühe oder den Tomatensaft angießen und bei geringer Hitze etwa 30 Minuten garen. Sofern dieses Gericht nicht sofort verwendet wird, abkühlen lassen und aufbewahren.
2. Den Naturreis in der Gemüse- oder Fleischbrühe ausquellen lassen, mit der erwärmten Paprikaschote und der in Scheiben geschnittenen und gewürzten Tomate servieren.

Fotos von links nach rechts:
Gefüllte Paprikaschote, Reis und Tomate
Rinderklößchen in Tomatensoße und grünen Bohnen
Beefsteak, Kartoffelpüree, Möhren- und Erbsengemüse
Gemüseeintopf mit Hackfleischklößchen

Rinderklößchen in Tomatensoße und grünen Bohnen

1 Por.	1 Por.	Hackfleischmasse
		Salz
1 TL	1 TL	Mehl
1 TL	1 TL	Tomatenmark
125 g	150 g	Kartoffeln
200 g	200 g	grüne Bohnen
		Bohnenkraut
1 TL	1 TL	Öl

1. Aus der Hackfleischmasse 3 Klößchen formen und in heißem Salzwasser in etwa 10–15 Minuten gar ziehen lassen. Sofern die Klößchen nicht sofort verwendet werden, zusammen mit der Garflüssigkeit aufbewahren.
2. Das Mehl mit etwas Wasser anrühren, mit dem Tomatenmark in die kochende Klößchenbrühe geben, gut durchkochen und abschmekken.
3. Die Kartoffeln garen. Die Bohnen mit dem Bohnenkraut im heißen Öl andünsten, wenig Wasser angießen und fertiggaren.

Beefsteak, Kartoffelpüree, Möhren- und Erbsengemüse

1 Por.	1 Por.	Hackfleischmasse
1	1	Zwiebel
125 g	150 g	Kartoffeln
3 EL	4 EL	heiße Milch
		Salz, Pfeffer, Muskat
100 g	100 g	Möhren
100 g	100 g	grüne Erbsen (frisch oder TK-Produkt)
1 TL	1 TL	Öl
		Petersilie

1. Die Hackfleischmasse zu einem Steak formen, die Zwiebel in Ringe schneiden und zusammen in einer beschichteten Pfanne von beiden Seiten durchbraten. Das Steak, sofern es nicht sofort verwendet wird, abkühlen lassen, verpacken.
2. Die Kartoffeln garen, pürieren, die Milch unterrühren und würzen. Die Möhren in Würfel schneiden, mit den Erbsen im heißen Öl andünsten, wenig Salzwasser angießen und garen. Mit frisch gehackter Petersilie bestreut anrichten.

Gemüseeintopf mit Hackfleischklößchen

1 Por.	1 Por.	Hackfleischmasse
		Salz
1 Stange	1 Stange	Lauch
1	1	Möhre
1/4	1/4	Blumenkohl
1 TL	1 TL	Öl
30 g	45 g	Naturreis
		Kräuter

1. Aus der Hackfleischmasse 3 Klößchen formen und in heißem Salzwasser etwa 10–15 Minuten gar ziehen lassen. Sofern die Klößchen nicht sofort verwendet werden, zusammen mit der Garflüssigkeit aufbewahren.
2. Das Gemüse in Stücke schneiden, im heißen Öl andünsten, mit der Klößchenbrühe aufgießen. Den Reis dazugeben und ausquellen lassen. Die Klößchen zum Eintopf geben, erwärmen und mit frisch gehackten Kräutern anrichten.

Kochen auf Vorrat „Aus eins mach vier" Geflügelgerichte

Brathähnchen
(Grundrezept)

1 (750 g)	1 (750 g)	Hähnchen
		Salz, Pfeffer
1 Bund	1 Bund	Suppengrün
		(Möhre, Sellerie,
		Lauch, Petersilie)
1 Tasse	1 Tasse	Wasser

1. Das Hähnchen würzen, mit dem Suppengrün in einer Bratfolie oder im Bräter etwa 45–60 Minuten durchbraten, den Bratenfond mit dem Wasser ablöschen.
2. Das Hähnchen häuten, entbeinen, in 4 Portionen teilen und mit der entsprechenden Menge Bratenfond weiterverarbeiten oder aufbewahren.

Haltbarkeit:
Kühlschrank – 4 Tage
Tiefkühlfach – 4 Wochen

Hühnertopf mit Nudeln

250 ml	300 ml	Hühnerbrühe
75 g	100 g	Möhren
75 g	100 g	Lauch
50 g	50 g	Sellerie
30 g	45 g	Vollkornnudeln
1 Por.	1 Por.	Brathähnchen
		Petersilie

1. Die Hühnerbrühe erhitzen, das gewürfelte Gemüse in der Hühnerbrühe garen.
2. Die Vollkornnudeln in Salzwasser garen, zusammen mit dem Hähnchen in die Suppe geben, und mit der frisch gehackten Petersilie anrichten.

Hähnchen, mexikanisch, mit Brötchen

75 g	100 g	Paprikaschote
½	½	Pfefferschote
1 TL	1 TL	Öl
75 g	75 g	Gemüsemais
50 g	100 g	Tomaten
1 Por.	1 Por.	Brathähnchen
1	1½	Brötchen

1. Die Paprikaschote in Streifen schneiden, die Pfefferschote kleinschneiden (oder auch ganz lassen, um sie später wieder rauszunehmen), im heißen Öl andünsten. Den Mais und die in Achtel geschnittene Tomate dazugeben.
2. Den Hähnchenfond zum Gemüse geben, das Fleisch erwärmen und mit dem Gemüse und dem Brötchen servieren.

Geflügelsalat mit Toast

1 Por.	1 Por.	Brathähnchen
75 g	100 g	Blumenkohl
75 g	100 g	Champignons (Dose)
50 g	75 g	Ananas
2 EL	2 EL	Tomatenmayonnaise (Rezept siehe Seite 61)
25 g	50 g	Toastbrot

1. Das Hähnchenfleisch klein schneiden. Den Blumenkohl in etwas Salzwasser garen, mit den Champignons und den kleingeschnittenen Ananas mischen.
2. Das Hähnchenfleisch dazugeben und mit der Tomatenmayonnaise und dem Bratenfond abschmekken. Mit Toastbrot servieren.

Curryhähnchen mit Reis und Chinakohlsalat

1	1	Zwiebel
1 TL	1 TL	Butter
1 TL	1 TL	Curry
1 Por.	1 Por.	Brathähnchen
1 TL	1 TL	Mehl
30 g	45 g	Naturreis
75 g	75 g	Chinakohl
1 EL	1 EL	Vinaigrette (Rezept siehe Seite 61)

1. Die Zwiebel würfeln, in der heißen Butter andünsten, den Curry dazugeben und mit dem Hähnchenfond auffüllen.
2. Das Mehl mit etwas kaltem Wasser verrühren, zum Fond geben und durchkochen lassen. Das Hähnchenfleisch in der Soße erwärmen.
3. Den Reis in Salzwasser garen. Den Chinakohl in breite Streifen schneiden, mit der Vinaigrette mischen. Den Reis und den Salat mit dem Hähnchen anrichten.

Fotos von links nach rechts:
Hühnertopf mit Nudeln
Hähnchen, mexikanisch, mit Brötchen
Geflügelsalat mit Toast
Curryhähnchen mit Reis und Chinakohlsalat

Fischgerichte

Sie liefern viel Jod und sind zugleich besonders fett- und kalorienarm.

Fischfilet auf Gemüsebett in der Folie

100 g	100 g	Möhren
100 g	100 g	Lauch
50 g	50 g	Bleichsellerie
125 g	150 g	Kartoffeln
150 g	175 g	Schellfischfilet
		Zitronensaft, Salz,
		einige Zweige Dill
1 TL	1 TL	Butter

1. Das Gemüse würfeln und in eine Bratfolie geben. Den Fisch säubern, säuern, salzen, auf das Gemüse setzen, mit frisch gehacktem Dill bestreuen.
2. Die Butter in Flöckchen darauf verteilen, die Folie sorgfältig schließen und bei 200 °C etwa 30 Minuten garen.

Angelschellfisch mit Senfsoße, Salzkartoffeln, und Möhrenfrischkost

½ l	½ l	Wasser
2 EL	2 EL	Essig
1	1	Zwiebel
		Salz, Lorbeerblatt,
		Pfefferkörner
200 g	250 g	Angelschellfisch
1 TL	1 TL	Mehl
		Senf
125 g	150 g	Kartoffeln
200 g	200 g	Möhren
2 EL	2 EL	Kräuter-Sahne-Soße
		(Rezept siehe Seite 61)

1. Das Wasser mit dem Essig, der geviertelten Zwiebel und den Gewürzen etwa 10 Minuten kochen lassen.
2. Den Fisch im ganzen im Sud etwa 15 Minuten gar ziehen lassen. ⅛ l Fischsud mit dem in etwas kaltem Wasser angerührten Mehl binden und mit Senf abschmecken. Über den Fisch geben.
3. Die Kartoffeln in Salzwasser garen, die Möhren raspeln, mit der Soße mischen und mit dem Fisch und den Kartoffeln servieren.

Fischgulasch mit Reis

100 g	100 g	Paprikaschote
50 g	50 g	Zwiebel
1 TL	1 TL	Öl
100 g	100 g	Tomate
		Salz, Paprika
1 TL	1 TL	Bratensoßenpulver
150 g	175 g	Seelachsfilet
30 g	45 g	Naturreis
		Petersilie

1. Die Paprikaschote und die Zwiebel würfeln, in Öl andünsten. Die Tomate achteln, untermischen, mit Salz und Paprika würzen und mit Soßenpulver binden. Diese Grundsoße sollte relativ dick sein.
2. Das Fischfilet säubern, auf das Gemüse geben, den Topf schließen und 10 Minuten dünsten.
3. Den Reis in Salzwasser garen, das Fischgulasch umrühren, mit frisch gehackter Petersilie bestreuen.

Zwiebelfisch mit Stangenweißbrot und Kopfsalat

150 g	150 g	Zwiebeln
1 TL	1 TL	Öl
1 TL	1 TL	Mehl
2 EL	2 EL	Joghurt, 1,5 % F.
150 g	175 g	Seelachsfilet
		Zitronensaft, Salz
50 g	75 g	Stangenweißbrot
50 g	50 g	Kopfsalat
1 EL	1 EL	Kräuter-Sahne-Soße (Rezept siehe Seite 61)

1. Die Zwiebeln in Ringe schneiden und im heißen Öl goldgelb braten, mit Mehl bestäuben, den Joghurt untermischen.
2. Das Fischfilet säubern, säuern, salzen und auf die Zwiebeln geben, im geschlossenen Topf ca. 10 Minuten garen.
3. Den Kopfsalat mit der Soße mischen, mit dem Stangenweißbrot zum Fisch servieren.

Fotos von links nach rechts:
Fischfilet auf Gemüsebett in der Folie
Angelschellfisch mit Senfsoße, Salzkartoffeln und Möhrenfrischkost
Fischgulasch mit Reis
Zwiebelfisch mit Stangenweißbrot und Kopfsalat

Kurzgebratenes

Lammsteak mit grünen Bohnen und Reis

30 g	45 g	Naturreis
		Salz
100 g	125 g	Lammsteak
1 TL	1 TL	Petersilie
½ TL	½ TL	Zitronensaft
		Knoblauch,
		Oregano
200 g	250 g	grüne Bohnen
		(frisch oder
		TK-Produkt)
50 g	50 g	Zwiebeln
1 TL	1 TL	Öl
		Bohnenkraut
¼ Tasse	¼ Tasse	Wasser

1. Den Reis in Salzwasser garen. Das sichtbare Fett vom Steak entfernen und das Fleisch mit feingehackter Petersilie, Zitronensaft, Knoblauch und Oregano einreiben.
2. Die Bohnen mit den gewürfelten Zwiebeln im heißen Öl andünsten, das Bohnenkraut dazugeben, das Wasser angießen und fertiggaren.
3. Das Steak in einer beschichteten Pfanne braten.

Geschnetzelte Kalbsleber mit Kartoffelpüree und Chinakohlsalat

125 g	150 g	Kartoffeln
3 EL	5 EL	heiße Milch, 1,5 % F.
100 g	125 g	Kalbsleber
1 TL	1 TL	Öl
½	½	Zwiebel
2 EL	2 EL	Joghurt, 1,5 % F.
½ TL	½ TL	Senf
½ TL	½ TL	Mehl
		Salz, Pfeffer
75 g	75 g	Chinakohl
2 EL	2 EL	Kräuter-Sahne-Soße
		(Rezept siehe Seite 61)

1. Die Kartoffeln in Salzwasser garen, pürieren und mit der heißen Milch glattrühren.
2. Die Kalbsleber in Streifen schneiden, im heißen Öl rasch anbraten, die gewürfelte Zwiebel dazugeben, fertigbraten. Den Joghurt mit dem Senf und dem Mehl verrühren, zur Leber geben, kurz aufkochen lassen und mit Salz und Pfeffer abschmecken.
3. Den Chinakohl in Streifen schneiden und mit der Soße mischen.

Pfeffersteak mit Blumenkohl und Salzkartoffeln

200 g	200 g	Blumenkohl
125 g	150 g	Kartoffeln
		Salz
100 g	125 g	Rinderfiletsteak
1 TL	1 TL	grob geriebener Pfeffer
1 TL	1 TL	Mehl
½ Tasse	½ Tasse	Fleischbrühe
2 EL	2 EL	saure Sahne
1 TL	1 TL	grüne Pfefferkörner

1. Das Gemüse und die Kartoffeln in wenig Salzwasser garen. Das Steak mit dem Pfeffer einreiben, in einer beschichteten Pfanne auf beiden Seiten 2–3 Minuten braten, herausnehmen und warmstellen.
2. Das Mehl in der Pfanne anschwitzen, mit der Fleischbrühe aufgießen, die saure Sahne und die Pfefferkörner dazugeben, leicht salzen.
3. Das Steak in der Soße erwärmen und anrichten.

Schweinefilet mit Champignons auf Grahambrot

50 g	75 g	Grahambrot
100 g	125 g	Schweinelende
1 TL	1 TL	Mehl
50 ml	50 ml	Fleischbrühe
2 EL	2 EL	saure Sahne
		Salz, Pfeffer, Zitronensaft
100 g	100 g	Champignons (Dose)
100 g	100 g	Gemüse, frisch
2 EL	2 EL	Vinaigrette (Rezept siehe Seite 61)

1. Das Brot toasten und auf einen angewärmten Teller legen. Das Fleisch in 2–3 Steaks schneiden, in einer beschichteten Pfanne auf jeder Seite 2–3 Minuten braten und auf das Brot legen.
2. Das Mehl mit dem Bratensatz verrühren, die Brühe angießen und aufkochen lassen. Die saure Sahne dazugeben und die Soße abschmecken.
3. Die Champignons untermischen, über den Toast geben und sofort anrichten.
4. Das zerkleinerte Gemüse mit der Vinaigrette mischen.

Fotos von links nach rechts:
Lammsteak mit grünen Bohnen und Reis
Geschnetzelte Kalbsleber mit Kartoffelpüree und Chinakohlsalat
Pfeffersteak mit Blumenkohl und Salzkartoffeln
Schweinefilet mit Champignons auf Grahambrot

Fleischfreie Mahlzeiten

Pikanter Linseneintopf

70 g	100 g	Linsen
100 g	100 g	Möhren
1 Stange	1 Stange	Lauch
50 g	50 g	Sellerie
300 ml	500 ml	Fleischbrühe
125 g	150 g	Kartoffeln
		Salz, Pfeffer
		Oregano
1	1	Zwiebel
1 TL	1 TL	Öl

1. Die Linsen in kaltem Wasser einige Stunden einweichen.
2. Das Gemüse würfeln, in einem beschichteten Topf kurz andünsten, mit der Fleischbrühe auffüllen, und die eingeweichten Linsen und gewürfelten Kartoffeln dazugeben. Bei geringer Wärmezufuhr garen, mit den Gewürzen abschmecken.
3. Die Zwiebel würfeln, im heißen Öl braten, auf die fertige Suppe geben.

Überbackener Fenchel mit Roggenbrötchen

200 g	250 g	Fenchelknolle
1	1	Ei
25 g	30 g	Edamer, 30 % F.i.Tr.
2 EL	2 EL	saure Sahne
2 EL	2 EL	Milch, 1,5 % F.
		Salz, Muskat
50 g	75 g	Roggenbrötchen

1. Den Fenchel längs halbieren und in wenig Fleisch- oder Gemüsebrühe gar dünsten, in eine gefettete Auflaufform geben.
2. Das Ei mit dem geriebenen Käse, der sauren Sahne und der Milch mischen, würzen, über den Fenchel geben und 10 Minuten bei 200 °C überbacken. Dazu das Roggenbrötchen servieren.

Vollkornsalat nach griechischer Art

30 g	45 g	Weizenkörner
75 g	75 g	Chinakohl
75 g	75 g	Paprikaschote
75 g	75 g	Salatgurke
½	½	Zwiebel
1	1	Ei
75 g	100 g	körniger Frischkäse, mager
2 EL	2 EL	Vinaigrette (Rezept siehe Seite 61)

1. Die Weizenkörner mehrere Stunden in kaltem Wasser einweichen, 20 Minuten kochen und 45 Minuten quellen lassen.
2. Das Gemüse in Streifen schneiden und mit den Körnern vermischen. Das Ei hart kochen, würfeln und mit dem Frischkäse und der Vinaigrette zum Salat geben und alles gut mischen.

Nudel-Käse-Tomaten-Auflauf mit Kopfsalat

30 g	45 g	Vollkornnudeln
100 g	100 g	Tomaten
100 ml	150 ml	Milch
1	1	Ei
		Salz, Muskat
25 g	30 g	Edamer, 30 % F.i.Tr.
50 g	50 g	Kopfsalat
2 EL	2 EL	Vinaigrette
		(Rezept siehe Seite 61)

1. Die Nudeln weich kochen, mit den in Scheiben geschnittenen Tomaten in eine gefettete Auflaufform geben.
2. Die Milch mit dem Ei verquirlen, mit Salz und Muskat abschmecken und über die Nudeln gießen. Mit dem geriebenen Käse bestreuen. Im auf 200 °C vorgeheizten Ofen 30 Minuten garen.
3. Den zerkleinerten Kopfsalat mit der Vinaigrette mischen.

Süßer Obst-Brot-Auflauf

50 g	75 g	Vollkornbrot
100 ml	150 ml	Milch, 1,5 % F.
1	1	Ei
30 g	45 g	Magerquark
		Zitronenschale
		Süßstoff
125 g	175 g	Pflaumen, Kirschen
		oder Äpfel

1. Das Brot in Würfel schneiden, mit der heißen Milch begießen und weichen lassen.
2. Das Ei mit dem Quark, der Zitronenschale und dem Süßstoff verrühren und unter die Brotmasse geben.
3. Das kleingeschnittene Obst mit der Brotmasse in gefettete Auflaufform füllen und bei 175 °C etwa 30 Minuten backen.

Achtung:
Das Obst für dieses Hauptgericht ist von der Zwischenmahlzeit. Teilen Sie also die Portion.

Fotos von links nach rechts:
Pikanter Linseneintopf
Überbackener Fenchel mit Roggenbrötchen
Vollkornsalat nach griechischer Art
Süßer Obst-Brot-Auflauf

ABENDESSEN ZUR GEWICHTSREDUKTION

Das Abendessen liefert Ihnen 290 kcal/375 kcal, 14 g/20 g Eiweiß, 8 g/10 g Fett und 35 g/45 g Kohlenhydrate. Nehmen Sie aus jeder Gruppe einen Baustein.

Lebensmittelgruppe 1

Vollkornbrot
75 g 100 g
1½ / 2 Sch.

Grahambrot
75 g 100 g
1½ / 2 Sch.

Roggenbrot
75 g 100 g
1½ / 2 Sch.

Mischbrot
75 g 100 g
1½ / 2 Sch.

Brötchen
75 g 100 g
1½ / 2 St.

Naturreis
45 g 60 g
3/4 EL

Vollkornnudeln
45 g 60 g

Vollkorngetreide
45 g 60 g
(Hirse, Grünkern, Roggen, Weizen)

Kartoffeln, geschält
150 g 175 g

Lebensmittelgruppe 2

Wurst, fettarm
30 g 45 g
(Bierschinken, Geflügel-/Weißwurst, Mortadella)

Braten
30 g 45 g

Corned beef
50 g 75 g

Huhn/Pute in Aspik
60 g 75 g

Roher Schinken (ohne Fettrand)
30 g 45 g

Tatar
40 g 50 g

Schnittkäse, 30% F.i.Tr.
30 g 45 g

Weichkäse, 30% F.i.Tr.
40 g 50 g

Harzer Käse
50 g 75 g

Magerquark
75 g 100 g
+ Butter/Öl
5 g 5 g

Eier
1 St. 1 St.
(Kl. 6) (Kl. 3)

Joghurt, 1,5 % F.
150 g 200 g

Krabben
70 g 100 g

Räucherfisch, mager
50 g 75 g
(Selachs, Schellfisch)

Lebensmittel-gruppe 3

Obst
100 g 100 g
z. B. Apfel

Fertigsalate
75 g 75 g

Gemüse
100 g 100 g
z. B. Salatgurke

Gemüse
100 g 100 g
z. B. Möhren und Erbsen

Gemüse
100 g 100 g
z. B. Chinakohl

Lebensmittel-gruppe 4

Butter/Margarine
5 g 5 g
je 1 TL

Mayonnaise
5 g 5 g
je 1 TL

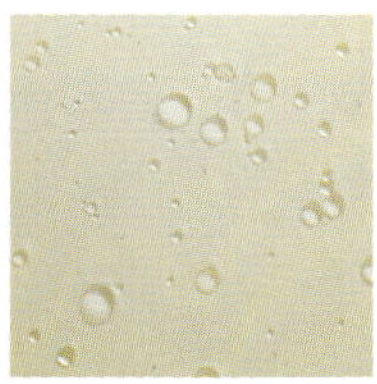

Öl
5 g 5 g
je 1 TL

Margarine, halbfett
10 g 10 g
je 2 TL

Saure Sahne, 10 % F.
30 g 30 g
je 2 EL

Sahne, 30 % F.
15 g 15 g
je 1 EL

Salatsoßen
50 g 50 g
je 2 EL

(Rezepte siehe Seite 61)

Lebensmittel-gruppe 5

Menge unbegrenzt

Tee

Mineralwasser

Limonade, kalorienreduziert

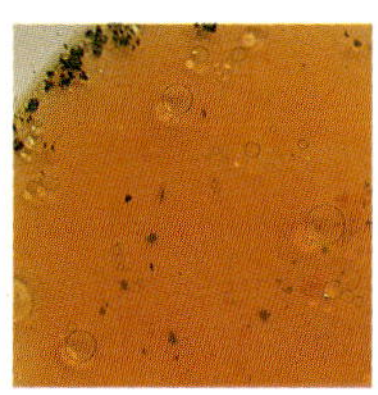

Klare Fleischbrühe

Gemüsebrühe

Beispiele für das Abendessen

Wählen Sie aus jeder Lebensmittelgruppe einen Baustein aus, und gestalten Sie damit Ihr Abendessen. Sie dürfen auch jeweils zwei halbe Bausteine aus einer Lebensmittelgruppe nehmen. Die Getränke wurden bei den folgenden Beispielen nicht mehr extra aufgeführt. Was Sie trinken dürfen, entnehmen Sie bitte der Lebensmittelgruppe 5.

1. Vorschlag:
Pikantes Toastbrot

Das Grahambrot mit Margarine bestreichen. Den Tatar mit Zwiebelwürfeln, Salz, Pfeffer und Senf vermischen und auf dem Brot verteilen, mit Tomatenscheiben belegen und im Ofen 10–15 Minuten bei 200°C überbacken.

2. Vorschlag:
Backblechkartoffeln mit pikantem Quark

Die Kartoffeln gründlich waschen, halbieren, mit der Schnittfläche auf ein mit Öl bestrichenes Blech setzen, mit Kümmel bestreuen und bei 220°C im Ofen backen. Den Quark mit wenig Wasser glatt rühren, die Salatgurke grob raspeln und dazugeben. Mit Salz, Pfeffer, gepreßtem Knoblauch und saurer Sahne abschmecken.

3. Vorschlag:
Krabbencocktail mit Toast

Die Krabben waschen, mit Ananaswürfeln und der einer Salatsoße mischen. Dazu Mischbrot reichen.

SALATE

In vielen Beispielen für Mittags- oder Abendmahlzeiten werden Salate vorgeschlagen. Sie sind reich an Vitaminen und Ballaststoffen.
Hier finden Sie weitere Vorschläge, wie Sie den in den Baukästen angegebenen Gemüseanteil als Salat zubereiten können.

FRISCHKOSTSALATE

Das frische Gemüse sorgfältig putzen, kurz waschen und, je nach Sorte, fein schneiden oder fein bis grob raspeln und sofort mit einer Salatsoße (Rezepte siehe Seite 61) mischen.
Hier einige Vorschläge, die Ihnen zeigen, welche Soße zu welchem Salat am besten paßt:
Blumenkohl mit Nußsoße
Chicorée mit Tomatenmayonnaise
Chinakohl mit Käsesoße
Endiviensalat mit Vinaigrette
Fenchel mit Kräuter-Sahne-Soße
Kohlrabi mit Tomatenmayonnaise
Möhren mit Nußsoße
Paprikaschoten mit Vinaigrette
Rettich mit Kräuter-Sahne-Soße
rote Rüben/Bete mit Kräuter-Sahne-Soße und Meerrettich
Tomaten mit Vinaigrette
Sellerie mit Nußsoße
Weißkohl mit Kräuter-Sahne-Soße
Chicorée und Tomate mit Kräuter-Sahne-Soße
Chinakohl und Möhren mit Nußsoße
Möhren und Weißkraut mit Käsesoße
Gurke, Paprika und Tomate mit Vinaigrette
Sellerie und Möhren mit Nußsoße
Sauerkraut, Möhren und Lauch mit Vinaigrette
Spinat und Möhren mit Nußsoße
Wirsing und Fenchel mit Kräuter-Sahne-Soße oder Tomatenmayonnaise

Wenn Sie von den Zwischenmahlzeiten etwas Obst aufheben, können Sie dieses mit dem Gemüse mischen. Für Salate gut geeignet sind Äpfel, Orangen, Mandarinen oder Ananas.

SALATE AUS GEGARTEM GEMÜSE

Hierzu frisches Gemüse schonend garen, es sollte jedoch noch bißfest sein. Tiefgefrorenes Gemüse kann man ohne weitere Wärmebehandlung verwenden, ebenso Gemüsekonserven.
Hier einige Vorschläge:
Blumenkohl mit Kräuter-Sahne-Käse-Soße oder Tomatenmayonnaise
grüne Erbsen und Möhren mit Kräuter-Sahne-Soße
grüne Bohnen und Zwiebel mit Vinaigrette
Mais und Tomaten mit Tomatenmayonnaise
Paprika, grüne Bohnen und Tomate mit Vinaigrette
rote Rüben, Äpfel und Meerrettich mit Nußsoße
Sellerie, Möhren und Äpfel mit Kräuter-Sahne-Soße oder Nußsoße
Mais und Paprika mit Vinaigrette
Blumenkohl und Paprika mit Kräuter-Sahne-Soße.

Salatsoßen „Aus eins mach sechs"

Diese Salatsoßen können auf Vorrat hergestellt werden. In verschlossenen Gläsern oder Tiefkühlbehältern aufbewahrt halten sie sich im Kühlschrank 1–2 Wochen. Die angegebene Menge reicht für 6 Portionen aus. 1 Portion = 2 EL

Kräuter-Sahne-Soße

150 g	Joghurt, 1,5% F.
150 g	saure Sahne, 10% F.
4 TL	Öl
1 EL	Essig oder Zitronensaft
	Salz, Pfeffer
2 EL	frische, gehackte Kräuter

Den Joghurt mit der sauren Sahne, dem Öl und dem Essig gut verschlagen und mit Salz, Pfeffer und den Kräutern pikant abschmecken.
1 Portion = 2 EL (50 g)

Tomatenmayonnaise

2 EL	Mayonnaise, 50% F.
150 g	Joghurt, 1,5% F.
1 EL	Tomatenmark
2 EL	Tomatensaft
½ TL	Zwiebel- und Knoblauchsalz
	Paprikapulver

Alle Zutaten mit einem Schneebesen gut verrühren.
1 Portion = 2 EL (40 g)

Vinaigrette

6 EL	Weinessig
3 EL	Wasser
6 TL	Öl
2 EL	Zwiebelwürfel
1 EL	frische, gehackte oder getrocknete Kräuter
	Salz und Pfeffer

Alle Zutaten gut miteinander mischen.
1 Portion = 2 EL (25 g)

Nußsoße

150 g	Joghurt, 1,5% F.
150 g	saure Sahne, 10% F.
75 g	Haselnüsse, grob gehackt
1–2 EL	Zitronensaft
etwas	Salz

Alle Zutaten mit einem Schneebesen gut verrühren.
1 Portion = 2 EL (60 g)

Käsesoße

100 g	Edelpilzkäse
150 ml	Milch, 1,5% F.
150 g	Joghurt, 1,5% F.
1–2 EL	Weinessig

Den Käse zusammen mit der Milch bei schwacher Hitze schmelzen. Den Joghurt dazugeben, mit dem Weinessig abschmecken.
1 Portion = 2 EL (75 g)

1 2 3 4
6 13 20
7 14 21
1 8 15 22
9 16

DER 4-WOCHEN-DIÄTPLAN

Der Speiseplan auf den folgenden Seiten ist für all jene Diätwilligen gedacht, die lieber nach einem festen Plan abnehmen wollen. Grundlage ist auch hier der Schlankheitsplan, nur das Heraussuchen und Zusammensetzen der Bausteine haben wir für Sie übernommen. Sie brauchen sich also nur genau an den folgenden Kostplan zu halten, und Sie werden sehen, wie leicht und einfach das Abnehmen ist. Dieser Diätplan wurde für 4 Wochen berechnet und erstellt. Er liefert Ihnen durchschnittlich 1200 kcal / 5025 kJ und ist abwechslungsreich zusammengestellt. Denken Sie jedoch daran, daß sich die angegebenen Mengen auf rohes, geputztes oder geschältes Gemüse oder Obst beziehen, es sei denn, es wird ausdrücklich anders angegeben.
Die angegebenen Fleischportionen lassen sich nach den Rezepten „Aus eins mach vier" auf Vorrat garen.

1. Woche – Sonntag

1. Frühstück

4 EL Haferflocken
1½ Becher Joghurt, 1,5 % F.
1 kleiner Apfel
Zitronensaft
1–2 Tassen Kaffee oder Tee

Müsli

Die Haferflocken mit dem Joghurt und dem kleingeschnittenen Apfel, etwas Zitronensaft mischen.

2. Frühstück

200 ml Buttermilch
Saft von 1 Orange (oder 30 g Orangensaftkonzentrat)

Orangen-Milch-Mix

Die Buttermilch mit dem Orangensaft mixen.

Mittagessen

100 g Schweinefilet
1 TL Butter
100 g Champignons
100 g Frischgemüse (z. B. Möhren)
Zitronensaft
Salz, Pfeffer
2 Scheiben Toastbrot

Schweinefilet mit Champignons, Frischkost und Toast

1. Das Schweinefilet in Streifen schneiden. In einer beschichteten Pfanne mit etwas Butter kurz anbraten, die in Scheiben geschnittenen Champignons dazugeben, kurz weiter braten, salzen und pfeffern.
2. Das geraspelte Frischgemüse mit etwas Salz, Pfeffer und Zitronensaft abschmecken, mit dem Toastbrot servieren.

Zwischenmahlzeit

1 Apfel
75 g Magerquark
Zitronensaft

Apfelquark

Den Apfel kleinschneiden, mit dem Quark und etwas Zitronensaft mischen.

Abendessen

70 g Krabben
100 g Ananas
2 EL Tomatenmayonnaise (Rezept siehe Seite 61)
2 Scheiben Toastbrot
1–2 Tassen Tee

Krabbencocktail mit Toast

Die gewaschenen Krabben mit der kleingeschnittenen Ananas und der Tomatenmayonnaise mischen, dazu Toast reichen.

1. Woche – Montag

1. Frühstück

1 Ei
1 Tomate
Salz, Pfeffer
1 Scheibe Roggenmischbrot
1 Scheibe Toastbrot
1 TL Marmelade
1–2 Tassen Kaffee oder Tee

Roggenmischbrot mit Tomatenrührei

Das Ei in einer beschichteten Pfanne unter ständigem Rühren stocken lassen. Die Tomatenachtel unterrühren, salzen, pfeffern, auf das Roggenbrot legen. Das Toastbrot mit Marmelade bestreichen.

2. Frühstück

3 Vollkornkekse
20 g Doppelrahmfrischkäse
1 Tasse Gemüsebrühe

Kekse mit Frischkäse

Die Kekse mit dem Frischkäse bestreichen.

Mittagessen

75 g Rinderhack
¼ Brötchen
Salz, Pfeffer, Majoran
1 Paprikaschote
1 TL Öl
⅛ l Tomatensaft
30 g Naturreis
75 ml Gemüsebrühe
1 Tomate
1 Glas Mineralwasser

Gefüllte Paprikaschote, Naturreis und Tomate

(Siehe Kochen auf Vorrat „Aus eins mach vier", S. 46)

Zwischenmahlzeit

150 ml Milch, 1,5 % F.
1 TL Instantkaffee
3 Vollkornkekse

Mokkamilch mit Vollkornkekse

Die Milch mit dem Instantkaffee verrühren, mit den Keksen servieren.

Abendessen

1½ Scheiben Vollkornbrot
1 TL Margarine
30 g Wurst, mager
100 g Rettich
Salz
1–2 Tassen Tee

Belegte Brote mit Rettich

Das Brot mit der Margarine bestreichen, mit der Wurst belegen. Den Rettich ganz dünn hobeln, leicht salzen.

1. Woche – Dienstag

1. Frühstück

1½ Scheiben Roggenmischbrot
30 g Geflügelwurst (Putenbrust)
½ Paprikaschote
1 TL Marmelade
1–2 Tassen Kaffee oder Tee

<u>Roggenmischbrot mit Geflügelwurst und Paprikaschote</u>

1 Scheibe Mischbrot mit Geflügelwurst belegen, dazu die Paprikaschote reichen. Die halbe Scheibe Brot mit Marmelade bestreichen.

2. Frühstück

150 ml Milch, 1,5% F.
1 TL Instantkaffee
3 Vollkornkekse

<u>Mokkamilch mit Vollkornkeksen</u>

Die Milch mit dem Instantkaffee mischen, dazu Vollkornkekse reichen.

Mittagessen

100 g Rindfleisch
½ Zwiebel
¼ l Fleischbrühe
125 g Kartoffeln
200 g Möhren, Sellerie, Lauch
1 TL Öl
Salz, Pfeffer, Majoran
1 Glas Mineralwasser

<u>Tellerfleisch mit Bouillonkartoffeln</u>

(Siehe Kochen auf Vorrat „Aus eins mach vier" S. 44)

Zwischenmahlzeit

1½ Scheiben Knäckebrot
20 g Doppelrahmfrischkäse
2 Tomaten

<u>Knäckebrot mit Frischkäse und Tomate</u>

Das Knäckebrot mit dem Frischkäse bestreichen, dazu Tomaten reichen.

Abendessen

150 g Blumenkohl
135 g Weizen, gegart
30 g Schnittkäse, 30% F.
2 EL Nußsoße (Rezept siehe Seite 61)
1–2 Tassen Tee

<u>Vollkornsalat mit Blumenkohl</u>

Den Blumenkohl in etwas Salzwasser 10 Minuten garen, er muß aber noch bißfest sein. Mit dem Weizen, dem gewürfelten Käse und der Nußsoße mischen. (Den Weizen einige Stunden im kalten Wasser einweichen. Danach 20 Minuten kochen und 45 Minuten ausquellen lassen.)

1. Woche – Mittwoch

1. Frühstück

7 EL Corn-flakes
200 ml Milch, 1,5 % F.
1 Orange
1–2 Tassen Kaffee

Corn-flakes mit Milch und Orange

Die Corn-flakes mit der Milch und der kleingeschnittenen Orange mischen.

2. Frühstück

1½ Scheiben Knäckebrot
30 g Schnittkäse, 30 % F. i. Tr.
5 Radieschen
1 Tasse Tee

Knäckebrot mit Käse und Radieschen

Das Knäckebrot mit Schnittkäse und kleingeschnittenen Radieschen belegen.

Mittagessen

100 g Schweinefleisch
½ Zwiebel
1 TL Paprika, edelsüß
Pfeffer
⅛ l Fleischbrühe
30 g Vollkornnudeln
75 g Endiviensalat
2 EL Vinaigrette (Rezept siehe Seite 61)
1 Glas Mineralwasser

Ungarisches Gulasch mit Vollkornnudeln und Salat

(Siehe Kochen auf Vorrat „Aus eins mach vier" S. 42)

Zwischenmahlzeit

½ Grapefruit
1 Joghurt, 1,5 % F.

Grapefruit mit Joghurt

Die Grapefruit kleinschneiden, mit dem Joghurt mischen.

Abendessen

150 g Kartoffeln
1 TL Öl
75 g Magerquark
Kümmel
100 g Salatgurke
2 EL saure Sahne
Salz, Pfeffer,
1 Knoblauchzehe
1–2 Tassen Tee

Backblechkartoffeln mit pikantem Quark

1. Die Kartoffeln gründlich waschen, halbieren, mit der Schnittfläche nach unten auf ein mit Öl bepinseltes Backblech legen, mit Kümmel bestreuen und bei 220 °C etwa 30 Minuten backen.
2. Quark mit saurer Sahne, feingeraspelter Gurke, Salz, Pfeffer und zerdrücktem Knoblauch verrühren und abschmecken.

1. Woche – Donnerstag

1. Frühstück

1½ Scheiben Vollkornbrot
1 TL Butter
50 g Magerquark
5 Radieschen
1 TL Marmelade
1–2 Tassen Kaffee oder Tee

Vollkornbrot, Quark und Marmelade

Das Vollkornbrot mit Butter und Quark bestreichen, einen Teil mit Radieschenscheiben belegen, den anderen mit Marmelade bestreichen.

2. Frühstück

4 EL Corn-flakes
1 Becher Joghurt, 1,5% F.
Zimt

Zimt-corn-flakes

Die Corn-flakes mit dem Joghurt und Zimt verrühren.

Mittagessen

125 g Kartoffeln
⅛ l Wasser
1 EL Essig
1 Zwiebel
Salz, Lorbeerblatt
Pfefferkörner
200 g Angelschellfisch
1 TL Mehl
Senf
150 g Möhren
2 EL Kräuter-Sahne-Soße
(Rezept siehe Seite 61)

Fisch mit Senfsoße, Salzkartoffeln, Salat

1. Die Kartoffeln garen. Das Wasser mit Essig, geviertelter Zwiebel und den Gewürzen etwa 10 Minuten kochen lassen. Den Fisch darin in etwa 15 Minuten gar ziehen lassen.
2. ⅛ l Fischsud mit dem in etwas kaltem Wasser angerührten Mehl binden und mit Senf abschmecken. Die Möhren raspeln, mit der Soße mischen.

Zwischenmahlzeit

½ Grapefruit
75 g Magerquark

Grapefruit mit Quark

Die kleingeschnittenen Grapefruit mit dem Quark mischen.

Abendessen

1½ Scheiben Grahambrot
5 g Margarine
40 g Tatar
½ Zwiebel
Salz, Pfeffer
1 TL Senf
2 Tomaten
1–2 Tassen Tee

Pikanter Toast

Das Brot mit der Margarine bestreichen. Den Tatar mit Zwiebelwürfeln, Salz, Pfeffer und Senf mischen, auf dem Brot verteilen. Mit Tomatenscheiben belegen und im Ofen 10–15 Minuten bei 200 °C überbacken.

1. Frühstück

1½ Schrotbrötchen
30 g Schinken, ohne Fett
1 kleines Stück Gurke
1 TL Marmelade
1–2 Tassen Kaffee oder Tee

<u>Schrotbrötchen mit Schinken und frischer Gurke</u>

Das Brötchen mit Schinken und Gurkenscheiben belegen, das halbe Brötchen mit Marmelade bestreichen.

2. Frühstück

75 g Magerquark
1 Karotte
Zitronensaft
Salz, Pfeffer
½ Schrotbrötchen
1 Tasse Gemüsebrühe

<u>Brötchen mit Karottenquark</u>

Den Quark mit der feingeraspelten Karotte, Zitronensaft, Salz und Pfeffer mischen. Auf das Schrotbrötchen streichen.

Mittagessen

100 g Paprikaschote
1 Pfefferschote
100 g Hähnchenfleisch (70 g gegart)
1 TL Öl
75 g Gemüsemais
Salz, Pfeffer
Cayennepfeffer
½ Tasse Hühnerbrühe
1 Roggenbrötchen
1 Glas Mineralwasser

<u>Mexikanisches Hähnchen mit Roggenbrötchen</u>

(Siehe Kochen auf Vorrat „Aus eins mach vier" S. 48)

Zwischenmahlzeit

150 ml Milch, 1,5 % F.
1 TL Instantkaffee
3 Vollkornkekse

<u>Mokkamilch mit Vollkornkeksen</u>

Die Milch mit dem Instantkaffee mischen, mit den Vollkornkeksen verzehren.

Abendessen

75 g Magerquark
½ Bund gemischte Kräuter
½ TL Senf
Salz, Pfeffer
2 EL saure Sahne
150 g Gemüse
4 Scheiben Knäckebrot
1 TL Butter
1–2 Tassen Tee

<u>Quark-Kräuter-Dip mit Gemüse und Knäckebrot</u>

Den Quark mit etwas Wasser und feingehackten Kräutern, Senf, Salz, Pfeffer und saurer Sahne mischen. Das Gemüse in Streifen schneiden, mit Knäckebrot und Butter servieren.

1. Frühstück

1 Scheibe Roggen-
mischbrot
30 g Geflügelwurst
(Putenbrust)
½ Paprikaschote
1 Scheibe Knäckebrot
1 TL Marmelade
1–2 Tassen Kaffee
oder Tee

Roggenmischbrot mit Geflügelwurst

Das Mischbrot mit der Geflügelwurst und Paprikastreifen belegen. Das Knäckebrot mit Marmelade bestreichen.

2. Frühstück

½ Roggenbrötchen
30 g Briekäse, 30% F.
100 ml Tomatensaft

Roggenbrötchen mit Briekäse und Tomatensaft

Das Brötchen mit Käse belegen.

Mittagessen

50 g Vollkornbrot
100 ml Milch, 1,5% F.
1 Ei
30 g Magerquark
Zitronenschale
Süßstoff
125 g Pflaumen
1 Glas Mineralwasser

Pflaumen-Brot-Auflauf

1. Das Brot in Würfel schneiden, mit der heißen Milch begießen und weichen lassen. Das Ei mit dem Quark, der Zitronenschale und dem Süßstoff mischen, unter die Brotmasse geben.
2. Die kleingeschnittenen Pflaumen mit der Brotmasse in eine gefettete Auflaufform füllen, bei 175 °C etwa 30 Minuten backen.

Zwischenmahlzeit

½ Roggenbrötchen
40 g Weichkäse,
30% F. i. Tr.
5 Radieschen

Roggenbrötchen mit Weichkäse

Das Brötchen mit Käse und Radieschenscheiben belegen.

Abendessen

135 g Vollkornnudeln,
gegart
30 g Schinken
150 g Möhren
und Erbsen
2 EL Kräuter-Sahne-
Soße
(Rezept siehe Seite 61)

Bunter Nudelsalat

Die Vollkornnudeln mit dem in Streifen geschnittenen Schinken, den gegarten Möhren und Erbsen und der Kräuter-Sahne-Soße mischen.

2. Woche – Sonntag

1. Frühstück

1 Ei, 1 Tomate
Salz, Pfeffer
1 Scheibe Roggenmischbrot
1½ Scheiben Knäckebrot
1 TL Marmelade
1–2 Tassen Kaffee oder Tee

Roggenmischbrot mit Tomatenrührei

Das Ei in einer beschichteten Pfanne unter Rühren stocken lassen, Tomatenachtel dazugeben mit Salz und Pfeffer würzen und auf das Brot legen. Das Knäckebrot mit Marmelade bestreichen.

2. Frühstück

1½ Scheiben Knäckebrot
30 g Käse, 30 % F.
5 Radieschen
1 Tasse Tee

Knäckebrot mit Käse und Radieschen

Das Knäckebrot mit Käse und Radieschen belegen.

Mittagessen

125 g Kartoffeln
3 EL Milch, fettarm, 1,5 % F.
100 g Kalbsleber
1 TL Öl
½ Zwiebel
2 EL Joghurt, fettarm, 1,5 % F.
½ TL Senf
½ TL Mehl
Salz, Pfeffer
75 g Chinakohl
2 EL Kräuter-Sahne-Soße (Rezept siehe Seite 61)
1 Glas Mineralwasser

Geschnetzelte Kalbsleber mit Kartoffelpüree und Chinakohlsalat

1. Die Kartoffeln in Salzwasser garen, pürieren und mit der heißen Milch glattrühren.
2. Die Kalbsleber in Streifen schneiden, im heißen Öl rasch anbraten, die gewürfelte Zwiebel dazugeben, fertigbraten. Den Joghurt mit dem Senf und dem Mehl verrühren, zur Leber geben, aufkochen lassen, salzen und pfeffern.
3. Den Chinakohl in Streifen schneiden, mit der Kräutersoße mischen.

Zwischenmahlzeit

Saft von 1 Orange
200 ml Buttermilch

Orangen-Buttermilch-Mix

Orangensaft mit Buttermilch mischen.

Abendessen

135 g Naturreis, gegart
50 g Corned beef
½ Paprikaschote
1 Tomate, 2 EL Tomatenmayonnaise (Seite 61)

Bunter Reissalat

Den Reis mit den kleingeschnittenen Zutaten und der Tomatenmayonnaise mischen.

1. Frühstück

3 EL Vollkornschrot
200 ml Milch, 1,5 % F.
30 g Trockenfrüchte
1–2 Tassen Tee

Müsli mit Vollkornschrot

Das Vollkornschrot mit der Milch und den kleingeschnittenen Trockenfrüchten mischen und über Nacht im Kühlschrank quellen lassen.

2. Frühstück

2 Tomaten
3 EL Magerquark
Salz, Pfeffer
Paprikapulver
1½ Scheiben Knäckebrot
1 Tasse Gemüsebrühe

Gefüllte Tomaten

Von den Tomaten eine Kappe abschneiden und die Kerne mit einem Teelöffel entfernen. Den Quark mit den Kernen und Wasser glattrühren, würzen und in die Tomaten füllen.

Mittagessen

30 g Vollkornnudeln
2 Tomaten
100 ml Milch
1 Ei
Salz, Muskat
25 g Käse, 30 % F.i.Tr.
50 g Kopfsalat
2 EL Vinaigrette
(Rezept siehe Seite 61)
1 Glas Mineralwasser

Nudel-Tomaten-Käse-Auflauf, Salat

1. Die Nudeln in Salzwasser weich kochen, mit den in Scheiben geschnittenen Tomaten in eine gefettete Auflaufform geben. Milch mit dem Ei verquirlen, mit Salz und Muskat abschmecken, über die Nudeln gießen und mit geriebenem Käse bestreuen.
2. Den Auflauf im auf 200 °C vorgeheizten Ofen 20 Minuten backen. Den zerkleinerten Salat mit der Vinaigrette mischen.

Zwischenmahlzeit

1 Apfel
30 g Schnittkäse, 30 % F.

Apfel mit Käse

Den Apfel und den Käse in Würfel schneiden und mischen.

Abendessen

1½ Scheiben Roggenmischbrot
1 TL Margarine
30 g Putenbrust
½ Salatgurke

Belegte Brote und Gurke

Das Brot mit Margarine bestreichen, mit Putenbrust belegen. Die Salatgurke in Scheiben schneiden.

2. Woche – Dienstag

1½ Scheiben Vollkornbrot
50 g Harzerkäse
5 Radieschen
½ Apfel
1–2 Tassen Kaffee

1. Frühstück

Vollkornbrot mit Harzerkäse

Das Vollkornbrot mit dem Käse und Radieschenscheiben belegen, dazu den Apfel reichen.

3 EL Magerquark
½ Apfel
1 Tasse Tee

2. Frühstück

Apfelquark

Den Apfel kleinschneiden, mit dem Quark mischen.

100 g Rindfleisch (70 g gegart)
¼ l Fleischbrühe
125 g Kartoffeln
200 g Wirsing
1 Zwiebel
1 Tl Öl
Salz, Pfeffer
1 Glas Mineralwasser

Mittagessen

Wirsingeintopf

(Siehe Kochen auf Vorrat „Aus eins mach vier" S. 45)

1 Orange
1 Joghurt, 1,5% F.

Zwischenmahlzeit

Orangenjoghurt

Die kleingeschnittene Orange mit dem Joghurt mischen.

1 Zwiebel
Curry
1 TL Öl
100 g Champignons
Salz
1½ Scheiben Grahambrot
30 g Schnittkäse, 30% F. i. Tr.
1–2 Tassen Tee

Abendessen

Indischer Toast

Die Zwiebel in Streifen schneiden, mit Curry mischen und im heißen Öl goldgelb braten. Die Champignons dazugeben, leicht salzen und auf dem Brot verteilen. Den geriebenen Käse darüberstreuen, im Ofen bei 200°C überbacken.

2. Woche – Mittwoch

1. Frühstück

1 Schrotbrötchen
30 g Schinken
ohne Fettrand
1 St. Salatgurke
1 Scheibe Toast
1 TL Marmelade
1–2 Tassen Kaffee
oder Tee

Schrotbrötchen mit Schinken und Gurke

Das Schrotbrötchen mit dem Schinken und Salatgurkenscheiben belegen. Den Toast mit Marmelade bestreichen.

2. Frühstück

200 g Honigmelone
1 Joghurt, 1,5 % F.

Honigmelone und Joghurt

Die kleingeschnittene Honigmelone mit dem Joghurt mischen.

Mittagessen

100 g Schweinefleisch
200 g Paprikaschote
1 Zwiebel
½ TL Öl
30 g Naturreis
75 ml Fleischbrühe
Salz, Pfeffer, Paprika
1 Glas Mineralwasser

Reisfleisch

(Siehe Kochen auf Vorrat „Aus eins mach vier" S. 42)

Zwischenmahlzeit

200 g Honigmelone
20 g Doppelrahmfrischkäse

Honigmelone mit Frischkäse

Die kleingeschnittene Honigmelone mit dem Frischkäse mischen.

Abendessen

150 g Kartoffeln
1 TL Öl
Kümmel
75 g Magerquark
¼ Salatgurke
2 EL saure Sahne
Salz, Pfeffer
1 Knoblauchzehe
1–2 Tassen Tee

Backblechkartoffeln mit pikantem Quark

1. Die Kartoffeln gründlich waschen, halbieren, mit der Schnittfläche nach unten auf ein mit Öl bepinseltes Backblech legen, mit Kümmel bestreuen und bei 220 °C etwa 30 Minuten backen.
2. Quark mit saurer Sahne, feingeraspelter Gurke, Salz, Pfeffer und zerdrücktem Knoblauch verrühren und abschmecken.

2. Woche – Donnerstag

1. Frühstück

4 EL Haferflocken
1½ Becher Joghurt, 1,5 % F.
1 Apfel
1–2 Tassen Kaffee oder Tee

Müsli mit Haferflocken

Die Haferflocken mit dem Joghurt und dem kleingeschnittenen Apfel verrühren.

2. Frühstück

200 ml Buttermilch
200 g Honigmelone

Buttermilch-Melonen-Mix

Die Buttermilch mit der Honigmelone im Mixer pürieren.

Mittagessen

125 g Kartoffeln
2 EL Milch, 1,5 % F.
200 g Möhren und Erbsen
1 TL Öl
75 g Rinderhack
¼ Brötchen
1 Zwiebel

Beefsteak, Kartoffelpüree, Möhren- und Erbsengemüse

(Siehe Kochen auf Vorrat „Aus eins mach vier“ S. 47)

Zwischenmahlzeit

1 Birne
30 g Schnittkäse, 30 % F.i.Tr.

Birne mit Schnittkäse

Die Birne und den Käse fein würfeln und mischen.

Abendessen

2 Tomaten
½ Paprikaschote
1 TL Öl
30 g Schinken ohne Fettrand
135 g Naturreis, gegart
Salz, Paprika
1–2 Tassen Tee

Bunte Reispfanne

Die kleingeschnittenen Tomaten und die Paprikaschote im heißen Öl andünsten, den Schinken und den Reis dazugeben, alles gut mischen, mit Salz und Paprika abschmecken.

1. Frühstück

1½ Scheiben Vollkornbrot
40 g Camembert, 30% F.i.Tr.
1 Tomate
1 TL Marmelade
1–2 Tassen Kaffee oder Tee

Vollkornbrot mit Camembert und Tomate

Eine Scheibe Vollkornbrot mit Camembert und Tomatenscheiben belegen. Die halbe Scheibe Vollkornbrot mit Marmelade bestreichen.

2. Frühstück

6 Radieschen
3 EL Magerquark
Salz, Pfeffer
1½ Scheiben Knäckebrot
1 Tasse Tee

Radieschenquark mit Knäckebrot

Die feingeriebenen Radieschen mit dem Quark mischen, mit Salz und Pfeffer würzen.

Mittagessen

125 g Kartoffeln
1 Paprikaschote
1 TL Öl
2 Tomaten
Salz, Paprika
1 TL Soßenpulver
150 g Fischfilet

Fischgulasch mit Salzkartoffeln

1. Die Kartoffeln in Schnitze schneiden und in Salzwasser garen. Die Paprikaschote würfeln, im heißen Öl andünsten, die Tomaten achteln und dazugeben.
2. Mit Salz und Paprika würzen und mit dem Soßenpulver binden. Das Fischfilet auf das Gulasch geben, den Topf schließen und 10 Minuten dünsten.

Zwischenmahlzeit

150 ml Milch, 1,5% F.
1 TL Instantkaffee
3 Vollkornkekse

Mokkamilch mit Keksen

Die Milch mit dem Instantkaffee mischen, dazu Vollkornkekse.

Abendessen

1½ Scheiben Grahambrot
1 TL Margarine
40 g Tatar
½ Zwiebel
Salz, Pfeffer, 1 TL Senf
2 Tomaten
1–2 Tassen Tee

Pikanter Toast

Das Brot mit der Margarine bestreichen, den Tatar mit Zwiebelwürfeln, Salz, Pfeffer und Senf mischen, auf dem Brot verteilen. Mit Tomatenscheiben belegen und im Ofen bei 200 °C 10–15 Minuten überbacken.

1. Frühstück

1½ Schrotbrötchen
50 g Corned beef
5 Radieschen
1 TL Marmelade
1–2 Tassen Kaffee oder Tee

Schrotbrötchen, Corned beef und Radieschen

Das Schrotbrötchen mit Corned beef und Radieschenscheiben belegen, das halbe Brötchen mit Marmelade bestreichen.

2. Frühstück

1 Joghurt, 1,5 % F.
2 Kiwis

Joghurt mit Kiwis

Den Joghurt mit den kleingeschnittenen Kiwi mischen.

Mittagessen

2 Möhren
1 kleiner Lauch
1 TL Öl
100 g Hähnchen (70 g gegart)
¼ l Hühnerbrühe
30 g Vollkornnudeln
Salz, Pfeffer
1 Glas Mineralwasser

Hühnertopf mit Nudeln

(Siehe Kochen auf Vorrat „Aus eins mach vier" S. 48)

Zwischenmahlzeit

75 g Magerquark
2 Mandarinen

Mandarinenquark

Den Quark mit den kleingeschnittenen Mandarinen mischen.

Abendessen

75 g Magerquark
½ Bund gemischte Kräuter
½ TL Senf
Salz, Pfeffer
2 EL saure Sahne
150 g Gemüse
4 Scheiben Knäckebrot
5 g Butter
1–2 Tassen Tee

Quark-Kräuter-Dip mit Gemüse und Knäckebrot

Den Quark mit etwas Wasser und feingehackten Kräutern, Senf, Salz, Pfeffer und saurer Sahne mischen. Das Gemüse in handliche Streifen schneiden, mit Knäckebrot und Butter servieren.

3. Woche – Sonntag

1. Frühstück

1½ Scheiben Roggenmischbrot
30 g Geflügelwurst (Putenbrust)
½ rote Paprikaschote
1 TL Marmelade
1–2 Tassen Kaffee oder Tee

Roggenmischbrot mit Geflügelwurst und Paprikaschote

Eine Scheibe Brot mit Geflügelwurst und Paprikastreifen belegen, die halbe Scheibe mit Marmelade bestreichen.

2. Frühstück

1 Tasse Milch, fettarm, 1,5 % F.
1 TL Instantkaffee
3 Vollkornkekse

Mokkamilch mit Vollkornkeksen

Die Milch mit Instantkaffee mischen, dazu Vollkornkekse reichen.

Mittagessen

30 g Naturreis
100 g Lammsteak, mager
1 TL feingehackte Petersilie
1 TL Zitronensaft
Knoblauch
Oregano
200 g grüne Bohnen
½ Zwiebel
1 TL Öl
Bohnenkraut
1 Glas Mineralwasser

Lammsteak mit grünen Bohnen und Reis

1. Den Reis in Gemüsebrühe garen. Das Fett vom Steak entfernen und das Fleisch mit Zitronensaft, Knoblauch und Kräutern einreiben.
2. Die Bohnen mit der feingehackten Zwiebel im heißen Öl andünsten, das Bohnenkraut dazugeben, ¼ Tasse Wasser angießen und etwa 10 Minuten garen.
3. Das Steak in einer beschichteten Pfanne braten.

Zwischenmahlzeit

1 Birne
20 g Doppelrahmfrischkäse
1–2 Tassen Tee

Birne mit Frischkäse

Die halbierte Birne mit dem mit Wasser vermischten Frischkäse bestreichen.

Abendessen

1½ Scheiben Brot
30 g Lachsschinken
½ Scheibe Schnittkäse, 30 % F.i.Tr.
50 g Salatgurke
1 Tomate, 1 TL Margarine
1–2 Tassen Tee

Belegte Brote

Das Brot dünn mit Margarine bestreichen, eine Scheibe mit Lachsschinken und Gurkenscheiben belegen, die halbe Scheibe mit Schnittkäse und Tomatenscheiben belegen.

3. Woche – Montag

1. Frühstück

4 EL Vollkornschrot
200 ml Milch, 1,5% F.
30 g Trockenfrüchte
1–2 Tassen Kaffee oder Tee

Müsli mit Vollkornschrot

Das Vollkornschrot, die Milch und die kleingeschnittenen Trockenfrüchte mischen und über Nacht im Kühlschrank quellen lassen.

2. Frühstück

1½ Scheiben Knäckebrot
20 g Doppelrahmfrischkäse
1 Tomate
1 Tasse Tee

Knäckebrot mit Doppelrahmfrischkäse

Das Knäckebrot mit Frischkäse bestreichen und mit Tomatenscheiben belegen.

Mittagessen

100 g Schweinefleisch
1 Zwiebel
½ TL Öl
200 g Sauerkraut
Salz, Kümmel, Paprika
1 TL Tomatenmark
125 g Kartoffeln
2 EL Milch, 1,5% F.
2 EL Joghurt, 1,5% F.
1 Glas Mineralwasser

Szekler Gulasch mit Kartoffelpüree

(Siehe Kochen auf Vorrat „Aus eins mach vier" S. 43)

Zwischenmahlzeit

1 Scheibe Ananas
1 Becher Joghurt, 1,5% F.

Ananasjoghurt

Die kleingeschnittene Ananas mit dem Joghurt mischen.

Abendessen

50 g Räucherfisch
50 g Chinakohl
50 g Gewürzgurke
50 g Apfel
2 EL Kräuter-Sahne-Soße (Rezept siehe Seite 61)
2 Scheiben Vollkorntoast
1–2 Tassen Tee

Fischsalat mit Toast

Den Räucherfisch, den Chinakohl, die Gewürzgurke und den Apfel kleinschneiden und mit der Kräuter-Sahne-Soße mischen, mit Toast servieren.

3. Woche – Dienstag

1. Frühstück

1½ Scheiben Vollkornbrot
2 EL körniger Frischkäse
1 Tomate
1 TL Marmelade
1 TL Butter
1–2 Tassen Kaffee oder Tee

Vollkornbrot mit Frischkäse und Tomate

Das Vollkornbrot mit Butter und dem körnigen Frischkäse bestreichen, eine Scheibe mit Tomatenachteln belegen, die halbe Scheibe mit Marmelade bestreichen.

2. Frühstück

½ Karotte
3 EL Magerquark
Salz, Pfeffer
½ Roggenbrötchen
1 Tasse Tee

Karottenquark mit Roggenbrötchen

Die Karotte fein raspeln und mit dem Quark mischen, salzen, pfeffern und auf das Roggenbrötchen geben.

Mittagessen

100 g Rindfleisch, mager
1 TL Öl
100 g grüne Bohnen
¼ l Fleischbrühe
2 Tomaten
125 g Kartoffeln
Salz, Paprika
Basilikum
1 Glas Mineralwasser

Bohnen-Tomaten-Eintopf

(Siehe Kochen auf Vorrat „Aus eins mach vier" S. 45)

Zwischenmahlzeit

75 g Obst
75 g Magerquark
Zitronensaft
½ Roggenbrötchen

Roggenbrötchen mit Obstquark

Das feingeschnittene Obst mit dem Quark und dem Zitronensaft verrühren und auf das Brötchen streichen.

Abendessen

3 Frühlingszwiebeln
½ Paprikaschote
1 TL Öl
30 g Schinken, ohne Fettrand
135 g Naturreis, gegart
Salz, Paprika
1–2 Tassen Tee

Bunte Gemüsepfanne

Die kleingeschnittenen Frühlingszwiebeln und gewürfelte Paprikaschote im heißen Öl andünsten, den kleingeschnittenen Schinken und den Reis dazugeben, alles gut mischen, mit Salz und Paprika würzen.

3. Woche – Mittwoch

1. Frühstück

4 EL Haferflocken
Salz
200 ml Milch, 1,5 % F.
1 Glas Tomatensaft
1–2 Tassen Kaffee
oder Tee

Porridge mit Milch und Tomatensaft

Die Haferflocken in 150 ml heißes Wasser rühren und ausquellen lassen, leicht salzen. Mit der Milch übergießen und anrichten. Dazu Tomatensaft.

2. Frühstück

1 Joghurt, 1,5 % F.
200 g Honigmelone
1 Tasse Tee

Honigmelone mit Joghurt

Die kleingeschnittene Melone mit dem Joghurt mischen.

Mittagessen

2 Zwiebeln
1 TL Öl
1 TL Mehl
2 TL Joghurt, 1,5 % F.
150 g Fischfilet
1 EL Zitronensaft
Salz
1 EL frisch gehackte Petersilie
50 g Kopfsalat
2 EL Kräuter-Sahne-Soße
(Rezept siehe Seite 61)
50 g Stangenweißbrot

Zwiebelfisch mit Kopfsalat
und Stangenweißbrot

1. Die Zwiebel in Ringe schneiden und im heißen Öl goldgelb braten, mit Mehl bestäuben, den Joghurt untermischen.
2. Das Fischfilet säubern, säuern und salzen, auf die Zwiebeln geben und im geschlossenen Topf etwa 10 Minuten garen, mit Petersilie bestreuen.
3. Den Kopfsalat mit der Soße mischen.

Zwischenmahlzeit

200 g Honigmelone
20 g Doppelrahm-frischkäse

Honigmelone
mit Doppelrahmfrischkäse

Die kleingeschnittene Melone mit dem Frischkäse mischen.

Abendessen

135 g Vollkornnudeln, gegart
30 g Schinken, ohne Fett
100 g Möhren
und Erbsen
2 EL Kräuter-Sahne-Soße
(Rezept siehe Seite 61)
1–2 Tassen Fleischbrühe

Nudelsalat

Die Vollkornnudeln mit dem in Streifen geschnittenen Schinken, den gegarten Möhren und Erbsen und der Soße mischen.

3. Woche – Donnerstag

1. Frühstück

Vollkornbrot mit Frischkäse und Tomate

Das Brot mit Butter und körnigem Frischkäse bestreichen, eine Scheibe mit Tomatenachteln, die halbe Scheibe mit Marmelade bestreichen.

1½ Scheiben Vollkornbrot
1 TL Butter
2 EL körniger Frischkäse
1 Tomate
1 TL Marmelade
1–2 Tassen Kaffee oder Tee

2. Frühstück

Knäckebrot mit Käse

Das Knäckebrot mit dem Käse belegen.

1½ Scheiben Knäckebrot
30 g Briekäse, 30% F.i.Tr.
1 Tasse Gemüsebrühe

Mittagessen

Curryhähnchen mit Reis und Chinakohlsalat

(Siehe Kochen auf Vorrat „Aus eins mach vier" S. 49)

30 g Naturreis
100 g Hähnchenfleisch (70 g gegart)
1 TL Butter
1 Zwiebel
Curry
⅛ l Hühnerbrühe
1 TL Mehl
75 g Chinakohl
2 EL Vinaigrette (Rezept siehe Seite 61)
1 Glas Mineralwasser

Zwischenmahlzeit

Apfel mit Frischkäse

Den kleingeschnittenen Apfel mit dem Frischkäse mischen.

1 Apfel
75 g körniger Frischkäse

Abendessen

Belegtes Vollkornbrot mit Tomate

Das Brot mit Butter bestreichen und mit Mortadella belegen. Die Tomatenachteln, salzen und pfeffern.

1½ Scheiben Vollkornbrot
1 TL Butter
30 g Mortadella
2 Tomaten
Salz, Pfeffer
1–2 Tassen Tee

3. Woche – Freitag

1. Frühstück

1½ Scheiben
Grahambrot
30 g Geflügelwurst
(Putenbrust)
5 Radieschen
1 TL Marmelade
1–2 Tassen Kaffee
oder Tee

Grahambrot mit Geflügelwurst und Radieschen

Eine Scheibe Brot mit Geflügelwurst und Radieschenscheiben belegen, die halbe Scheibe Brot mit Marmelade bestreichen.

2. Frühstück

2 Kiwis
1 Joghurt, 1,5 % F.

Kiwis mit Joghurt

Die kleingeschnittenen Kiwis mit dem Joghurt mischen.

Mittagessen

75 g Rinderhack
¼ Brötchen
½ Zwiebel
Salz, Pfeffer, Paprika
125 g Kartoffeln
200 g grüne Bohnen
Bohnenkraut
1 TL Öl
1 TL Mehl
1 TL Tomatenmark
1 Glas Mineralwasser

Rinderhackklößchen mit Tomatensoße und grünen Bohnen

(Siehe Kochen auf Vorrat „Aus eins mach vier" S. 47)

Zwischenmahlzeit

1½ Scheiben
Knäckebrot
40 g Weichkäse,
30 % F. i. Tr.
100 ml Tomatensaft

Knäckebrot mit Weichkäse und Tomatensaft

Das Knäckebrot mit dem Käse belegen.

Abendessen

135 g Vollkornnudeln,
gegart
100 g Mais
30 g Schnittkäse,
30 % F. i. Tr.
2 EL Tomaten-
mayonnaise
(Rezept siehe Seite 61)
1–2 Tassen Gemüse-
brühe

Vollkorn-Mais-Käse-Salat

Die Nudeln mit dem Mais, dem gewürfelten Schnittkäse und der Tomatenmayonnaise mischen.

1. Frühstück

1½ Schrotbrötchen
30 g Schinken, ohne Fettrand
75 g Salatgurke
1 TL Marmelade
1–2 Tassen Kaffee oder Tee

Schrotbrötchen mit Schinken und Gurke

Ein Brötchen mit Schinken und Gurkenscheiben belegen, das halbe Brötchen mit Marmelade bestreichen.

2. Frühstück

200 ml Buttermilch
Saft von 1 Orange (oder 30 g Orangensaftkonzentrat)

Buttermilch-Orangen-Mix

Die Buttermilch mit dem Orangensaft mischen.

Mittagessen

70 g Linsen
100 g Möhren
100 g Lauch
125 g Kartoffeln
300 ml Fleischbrühe
Salz, Pfeffer
Oregano
1 Zwiebel
1 TL Öl
1 Glas Mineralwasser

Linseneintopf

1. Die Linsen in kaltem Wasser einige Stunden einweichen, das Gemüse würfeln, in einem beschichteten Topf kurz andünsten, mit der Fleischbrühe auffüllen und die eingeweichten Linsen und gewürfelten Kartoffeln dazugeben.
2. Bei geringer Wärmezufuhr etwa 30 Minuten garen, mit Salz, Pfeffer und Oregano abschmecken. Die Zwiebel würfeln, im heißen Öl goldgelb braten und auf die fertige Suppe geben.

Zwischenmahlzeit

3 Vollkornkekse
20 g Doppelrahmfrischkäse
5 Radieschen

Vollkornkekse mit Doppelrahmfrischkäse und Radieschen

Die Kekse mit dem Frischkäse und Radieschenscheiben belegen.

Abendessen

70 g Krabben
100 g Ananas
2 EL Tomatenmayonnaise (Rezept siehe Seite 61)
2 Scheiben Vollkornbrot
1–2 Tassen Tee

Krabbencocktail

Die Krabben und die kleingeschnittene Ananas mit der Tomatenmayonnaise mischen, mit Vollkornbrot servieren.

4. Woche – Sonntag

1. Frühstück

4 EL Haferflocken
1½ Becher Joghurt, 1,5% F.
1 Apfel
1–2 Tassen Kaffee oder Tee

Müsli mit Haferflocken

Die Haferflocken mit dem Joghurt und dem kleingeschnittenen Apfel verrühren.

2. Frühstück

200 ml Buttermilch
2 Tomaten
1½ Scheiben Knäckebrot

Buttermilch-Tomaten-Mix

Die Buttermilch mit den kleingeschnittenen Tomaten im Mixer pürieren. Dazu Knäckebrot

Mittagessen

100 g Hühnerfleisch (70 g gegart)
75 g Blumenkohl
75 g Champignons (Dose)
50 g Ananas
2 EL Tomatenmayonnaise (Rezept siehe Seite 61)
2 Scheiben Vollkorntoast

Geflügelsalat mit Toast

(Siehe Kochen auf Vorrat „Aus eins mach vier" S. 49)

Zwischenmahlzeit

1 Birne
20 g Roquefortkäse

Birne mit Roquefortkäse

Die Birne halbieren, das Kerngehäuse entfernen, mit Roquefortkäse füllen.

Abendessen

150 g Kartoffeln
1 Zwiebel
1 TL Öl
40 g Tatar
Salz, Pfeffer
100 g Gemüse der Saison
Zitronensaft
1–2 Tassen Fleischbrühe

Kartoffelpfanne mit Frischkost

Die Kartoffeln in Scheiben schneiden und mit der gewürfelten Zwiebel im heißen Öl halbgar braten, den Tatar untermischen, salzen, pfeffern und bei starker Hitze unter vorsichtigem Wenden durchbraten. Das Gemüse fein raspeln, salzen und pfeffern und mit etwas Zitronensaft verrühren.

4. Woche – Montag

1. Frühstück

1½ Scheiben Vollkornbrot
40 g Camembert, 30 % F. i. Tr.
1 Tomate
1 TL Marmelade
1–2 Tassen Kaffee oder Tee

Vollkornbrot mit Käse und Tomate

Eine Scheibe Brot mit Camembert und Tomatenscheiben belegen, eine halbe Scheibe Brot mit Marmelade bestreichen.

2. Frühstück

75 g Magerquark
1 kleine Banane
Zitronensaft

Bananenquark

Den Quark mit der kleingeschnittenen Banane und etwas Zitronensaft mischen.

Mittagessen

200 g Blumenkohl
125 g Kartoffeln
Salz
100 g Rindersteak
grob geriebener Pfeffer
1 TL Mehl
½ Tasse Fleischbrühe
2 EL saure Sahne
grüne Pfefferkörner
1 Glas Mineralwasser

Pfeffersteak, Blumenkohl und Salzkartoffeln

1. Das Gemüse und die Kartoffeln in wenig Salzwasser garen.
2. Das Steak mit dem Pfeffer einreiben, in einer beschichteten Pfanne auf beiden Seiten braten.
3. Das Mehl in der Pfanne anschwitzen, mit der Fleischbrühe aufgießen, die saure Sahne und die Pfefferkörner dazugeben, leicht salzen.

Zwischenmahlzeit

150 ml Milch, 1,5 % F.
1 TL Instantkaffee
3 Vollkornkekse

Mokkamilch und Vollkornkekse

Die Milch mit dem Instantkaffee mischen, mit den Keksen servieren.

Abendessen

1 Zwiebel
Curry, Salz
1 TL Öl
100 g Champignons (Dose)
1½ Scheiben Grahambrot
30 g Schnittkäse, 30 % F. i. Tr.
1–2 Tassen Tee

Indischer Toast

Die Zwiebel in Streifen schneiden, mit Curry mischen und im heißen Öl goldgelb braten. Die Champignons dazugeben, leicht salzen und auf dem Brot verteilen. Den geriebenen Käse darüberstreuen, und überbacken.

4. Woche – Dienstag

1. Frühstück

4 EL Haferflocken
Salz
200 ml Milch, 1,5 % F.
1 Glas Tomatensaft
1–2 Tassen Kaffee
oder Tee

Porridge mit Milch und Tomatensaft

Die Haferflocken in 150 ml heißes Wasser rühren und ausquellen lassen, leicht salzen. Mit der Milch übergießen und anrichten. Dazu Tomatensaft reichen.

2. Frühstück

1½ Scheiben Knäckebrot
20 g Doppelrahmfrischkäse
5 Radieschen

Knäckebrot mit Doppelrahmfrischkäse und Radieschen

Das Knäckebrot mit dem Frischkäse bestreichen und mit Radieschenscheiben belegen.

Mittagessen

100 g Schweinefleisch
1 TL Öl
1 Möhre
2 EL Wasser
1 TL Essig
Sojasoße
Ingwerpulver
Süßstoff
30 g Naturreis
200 g Blumenkohl

Schweinefleisch, süß-sauer, mit Reis und Blumenkohl

(Siehe Kochen auf Vorrat „Aus eins mach vier" S. 43)

Zwischenmahlzeit

1 Orange
75 g körniger
Frischkäse

Orange mit Frischkäse

Die kleingeschnittene Orange mit dem körnigen Frischkäse mischen.

Abendessen

3 EL Magerquark
2 EL Kräuter-Sahne-Soße
(Rezept siehe Seite 61)
150 g Gemüse
1 TL Butter
4 Scheiben Knäckebrot
1–2 Tassen Tee

Kräuterdip
mit Gemüse und Knäckebrot

Den Quark mit der Kräuter-Sahne-Soße mischen, das Gemüse in handliche Streifen schneiden.
Mit der Butter und dem Knäckebrot servieren.

4. Woche – Mittwoch

1. Frühstück

1 Tomate
1 Ei
Salz, Pfeffer
1½ Scheiben Roggenmischbrot
1 TL Marmelade
1–2 Tassen Kaffee oder Tee

Roggenmischbrot mit Tomatenrührei

Die Tomate achteln und in einer beschichteten Pfanne andünsten. Das Ei dazugeben und unter Rühren stocken lassen, würzen. Die halbe Scheibe Brot mit Marmelade bestreichen.

2. Frühstück

1 Tasse Milch, 1,5 % F.
1 TL Instantkaffee
3 Vollkornkekse, salzig

Mokkamilch mit Vollkornkeksen

Die Milch mit dem Instantkaffee mischen.

Mittagessen

100 g Rindfleisch (70 g gegart)
Suppengrün
Lorbeerblatt
125 g Kartoffeln
½ Bund frische Kräuter
3 EL Fleischbrühe
1 TL Essig
75 g Endiviensalat
2 EL Kräuter-Sahne-Soße (Rezept siehe Seite 61)
1 Glas Mineralwasser

Gekochtes Rindfleisch in Kräutermarinade

(Siehe Kochen auf Vorrat „Aus eins mach vier" S. 44)

Zwischenmahlzeit

1 Apfel
1 Joghurt, 1,5 % F.

Apfeljoghurt

Den kleingeschnittenen Apfel mit dem Joghurt mischen.

Abendessen

40 g Camembert, 30 % F. i. Tr.
1 TL Butter, ½ Zwiebel
Salz, Pfeffer, Paprika
100 g Karotten
1½ Scheiben Vollkornbrot
1–2 Tassen Gemüsebrühe

Vollkornbrot mit Camembert

Den Camembert mit der Gabel zerdrücken und mit der Butter verrühren. Die gewürfelte Zwiebel unterrühren. Die Karotten fein raspeln, salzen und pfeffern.

1. Frühstück

1½ Scheiben Vollkornbrot
50 g Harzer Käse
5 Radieschen
½ Apfel
1–2 Tassen Kaffee oder Tee

Vollkornbrot mit Harzer Käse und Radieschen

Das Vollkornbrot mit Käse und Radieschenscheiben belegen, dazu Apfelschnitze reichen.

2. Frühstück

4 EL Corn-flakes
1 Becher Joghurt, 1,5 % F.
Zimt, Süßstoff

Corn-flakes mit Zimtjoghurt

Die Corn-flakes mit dem Joghurt, Zimt und Süßstoff verrühren.

Mittagessen

150 g Möhren
100 g Bleichsellerie
150 g Fischfilet
Zitronensaft
Salz
einige Zweige Dill
1 TL Butter
125 g Kartoffeln
1 Glas Mineralwasser

Fischfilet in der Folie mit Salzkartoffeln

1. Möhren und Bleichsellerie würfeln und in eine Bratfolie legen. Den Fisch säubern, säuern, salzen, auf das Gemüse setzen, mit frisch gehacktem Dill bestreuen. Die Butter in Flöckchen darauf verteilen.
2. Die Folie sorgfältig schließen und bei 200°C 20–30 Minuten garen. Die Kartoffeln garen.

Zwischenmahlzeit

1½ Scheiben Ananas
30 g Schnittkäse, 30 % F.i.Tr.

Ananas mit Schnittkäse

Die Ananas und den Käse würfeln, beides mischen.

Abendessen

1 Tomate
1 Paprikaschote
1 TL Öl
30 g Schinken, ohne Fettrand
135 g Naturreis, gegart
Salz, Paprika
1–2 Tassen Tee

Reispfanne mit Schinken

Die kleingeschnittene Tomate und die Paprikaschote im heißen Öl andünsten, den Schinken und den Reis dazugeben, alles gut durchbraten, mit Salz und Paprika abschmecken.

4. Woche – Freitag

1. Frühstück

1 Schrotbrötchen
30 g Geflügelwurst (Putenbrust)
½ Paprikaschote, rot
1 Scheibe Knäckebrot
1 TL Marmelade
1–2 Tassen Kaffee oder Tee

Schrotbrötchen mit Geflügelwurst und Paprikaschote

Das Brötchen mit der Wurst und Paprikastreifen belegen, das Knäckebrot mit Marmelade bestreichen.

2. Frühstück

2 Kiwis
3 EL Magerquark

Kiwiquark

Die kleingeschnittenen Kiwis mit dem Magerquark verrühren.

Mittagessen

75 g Rinderhackfleisch
¼ Brötchen
¼ Zwiebel
Salz, Pfeffer
Paprika
100 g Lauch
½ Paprikaschote, rot
100 g Blumenkohl
1 TL Öl
30 g Naturreis
¼ Bund frische Kräuter
1 Glas Mineralwasser

Gemüseeintopf mit Hackfleischklößchen

(Siehe Kochen auf Vorrat „Aus eins mach vier" S. 47)

Zwischenmahlzeit

1½ Scheiben Knäckebrot
75 g Magerquark
5 Radieschen

Knäckebrot mit Quark und Radieschen

Das Knäckebrot mit Quark und Radieschenscheiben belegen.

Abendessen

135 g Weizenkörner, gegart
100 g Blumenkohl
30 g Schnittkäse, 30% F.i.Tr.
2 EL Nußsoße (Rezept siehe Seite 61)
1–2 Tassen Tee

Vollkorn-Käse-Salat

Die Weizenkörner mit dem bißfest gegarten Blumenkohl, dem gewürfelten Käse und der Nußsoße mischen.

1. Frühstück

4 EL Vollkornschrot
200 ml Milch, 1,5 % F.
30 g Trockenfrüchte
1–2 Tassen Kaffee
oder Tee

Vollkornmüsli

Das Vollkornschrot mit der Milch und den kleingeschnittenen Trockenfrüchten mischen und über Nacht im Kühlschrank ausquellen lassen.

2. Frühstück

2 Tomaten
3 EL körniger Frischkäse
Salz, Pfeffer, Paprika
1 EL feingeschnittener
Schnittlauch
1½ Scheiben Knäckebrot

Gefüllte Tomate mit Knäckebrot

Von den Tomaten eine Haube abschneiden und die Kerne herausheben. Den Frischkäse würzen und in die Tomaten füllen.

Mittagessen

1–2 Fenchelknollen
1 Ei
25 g Schnittkäse,
30 % F.i.Tr.
2 EL saure Sahne
2 EL Milch, 1,5 % F.
Salz, Paprika
Muskat
1 Roggenbrötchen
1 Glas Mineralwasser

Fenchel überbacken, Brötchen

1. Den Fenchel längs halbieren und in wenig Gemüsebrühe gar dünsten, in eine gefettete Form geben.
2. Das Ei mit dem geriebenen Käse, der sauren Sahne und der Milch mischen, mit den Gewürzen abschmecken, über den Fenchel geben und 10 Minuten bei 200 °C überbacken.

Zwischenmahlzeit

1 kleine Banane
200 ml Buttermilch
Zitronensaft

Bananenbuttermilch

Alle Zutaten im Mixer pürieren.

Abendessen

150 g kleine Kartoffeln
1 TL Öl, Kümmel
3 EL Magerquark
2 EL saure Sahne
¼ Salatgurke
Salz, Pfeffer
Knoblauch
1–2 Tassen
Gemüsebrühe

Backblechkartoffeln mit Quark

Die Kartoffeln halbieren, mit der Schnittfläche nach unten auf ein mit Öl bepinseltes Blech legen, mit Kümmel bestreuen, bei 220 °C 30 Minuten backen. Quark mit saurer Sahne, geraspelter Gurke, Salz, Pfeffer und zerdrücktem Knoblauch verrühren.

50
300
5
6
7

WAS KOMMT DANACH?

Haben Sie Ihr Wunschgewicht erreicht? Oder möchten Sie Ihr Gewicht eine Weile halten, um in einiger Zeit von neuem zu beginnen?
Dann kommt jetzt eine neue Phase für Sie, die zweite, vielleicht schwerste Bewährungsprobe: Es gilt die erlernten Eß- und Trinkgewohnheiten in Ihre tägliche Ernährung aufzunehmen. Wir haben uns zum Ziel gesetzt, Ihnen einen Weg zu zeigen, wie Sie abnehmen und danach Ihr erreichtes Gewicht auch auf Dauer halten können. Denn eine nur vorübergehende Gewichtsreduktion, bei der Sie danach Ihre alten Ernährungsfehler wieder aufnehmen, liegt sicher nicht in Ihrem Interesse. Die nächsten Wochen werden zeigen, ob es Ihnen gelingt, Ihr Eßverhalten zu kontrollieren und die Nahrungszufuhr Ihrem wirklichen Bedarf anzupassen. Wir wollen Ihnen dabei helfen.
Zunächst einige grundsätzliche Gedanken:
Haben Sie Ihr Wunschgewicht erreicht (vgl. Tabelle Seite 9), sollten Sie versuchen, es zu halten. Wollen Sie noch weiter abnehmen, dürfen Sie mit unserem Schlankheitsplan noch einmal von vorne beginnen, doch fragen Sie im Zweifelsfall Ihren Hausarzt.
Das regelmäßige Wiegen sollten Sie auf jeden Fall beibehalten, und bemerken Sie eines Tages, daß Sie wieder zugenommen haben, tun Sie sofort etwas dagegen. Ein bis zwei Pfund lassen sich verhältnismäßig leicht wieder abnehmen.
Sollten Sie einmal infolge einer Feier mehr Kalorien zu sich nehmen, als Ihrem Körpergewicht lieb ist, versuchen Sie, die zuviel verzehrten Kalorien sofort in den nächsten Tagen wieder einzusparen. (siehe dazu „Ausgleich kleiner Sünden", Seite 111).

EMPFEHLUNGEN ZUR GEWICHTSSTABILISIERUNG IM BAUKASTENSYSTEM

Mit dem Baukastensystem können Sie nicht nur Gewicht verlieren, sondern auch halten. Sie finden hier Vorschläge für eine Kost von

- 1600 kcal (6700 kJ), mit der Sie Ihr Gewicht weiter langsam reduzieren können,
- 2000 kcal (8400 kJ), mit der Frauen Ihr Gewicht halten können,
- 2400 kcal (10000 kJ), mit der Männer Ihr Gewicht halten können.

Die Kostvorschläge für Männer und Frauen zur Gewichtsstabilisierung entsprechen den Empfehlungen für die Nährstoffzufuhr der Deutschen Gesellschaft für Ernährung 1985. Sie stellen eine vollwertige Normalkost dar, die Sie der Ernährung Ihrer ganzen Familie zugrunde legen können. Sie selbst sollten sich so lange an die angegebenen Mengen und Lebensmittel halten, bis Sie wissen, wieviel Sie essen dürfen und welche Lebensmittel Sie bevorzugen sollten.

PRAKTISCHE RATSCHLÄGE

- Entscheiden Sie sich gemäß Ihrem individuellen Bedarf für eine der drei aufgeführten Kaloriengruppen.
- Wählen Sie zu den Mahlzeiten aus jeder Lebensmittelgruppe einen Baustein, also ein Lebensmittel und bauen Sie sich daraus Ihre Mahlzeit nach Ihrem Geschmack zusammen. Sie dürfen innerhalb der Lebensmittelgruppen aber auch zwei halbe oder drei drittel Portionen miteinander kombinieren.
- Wer Spaß am Rechnen hat, darf mit Hilfe der Nährwerttabelle (siehe Seite 115) die Auswahl der aufgeführten Lebensmittel im Rahmen der jeweiligen Lebensmittelblöcke und der angegebenen Kalorienzahl ergänzen.

– Die einzelnen Mahlzeiten dürfen Sie entsprechend Ihren Lebens- und Ernährungsgewohnheiten miteinander tauschen, doch sollten Sie die fünf Mahlzeiten möglichst beibehalten.
– Für den Einkauf und die Zubereitung der Lebensmittel gelten die gleichen Regeln wie die, die im Diätteil aufgeführt sind.
– Als Brotbelag für Frühstück und Abendessen sollten Sie wenigstens einmal am Tag ein Milchprodukt wählen. Dies ist wichtig für Ihre Calciumversorgung.
– Kochsalz und Gewürze aller Art sind erlaubt. Denken Sie aber daran: Kochsalz bindet Wasser im Körper, und Gewürze steigern den Appetit. Würzen Sie deshalb in Maßen!
– An Getränken sollten Sie täglich dreiviertel bis einen Liter trinken. Besonders geeignet sind alle kalorienfreien oder -armen Getränke wie Mineralwasser, Tee, Kaffee und kalorienarme Limonaden.
– Im Gegensatz zum Baukastenplan während der Diätphase haben wir hier das erste und zweite Frühstück zusammengefaßt. So können Sie selbst entscheiden, was und welche Menge Sie zum ersten oder zum zweiten Frühstück essen. Die zweite Zwischenmahlzeit des Tages haben wir für „kleine Sünden" reserviert. Sie machen ungefähr 10% Ihrer Kost aus.

Wählen Sie aus den aufgeführten Getränken und Speisen das aus, worauf Sie Appetit haben oder worauf Sie schwer verzichten können.
Vielleicht essen Sie aber schon so ernährungsbewußt, daß Sie auf all die aufgeführten Genußmittel verzichten können und die gewährten 10% lieber durch vollwertige Speisen und Getränke zu sich nehmen möchten? Auch daran haben wir gedacht.
Setzen Sie sich zum Ziel, die Freude am Kochen, am Essen und am Bewirten lieber Freunde durch Ihre Kochkunst, Phantasie und Geschicklichkeit neu zu entwickeln. Man kann auch mit wenig Kalorien schlemmen!

DIE WÜNSCHENSWERTE TÄGLICHE ZUFUHR WICHTIGER NÄHRSTOFFE[1])

für Personen im mittleren Lebensalter, mit vorwiegend sitzender Lebensweise

Nährstoff	Frau (60 kg Körpergewicht)	Mann (70 kg Körpergewicht)
Nahrungsenergie[2])	2000 kcal (8,5 MJ)	2400 kcal (10 MJ)
etwa 12–15% als Eiweiß 25–30% als Fett 50–60% als Kohlenhydrate		
Wasser	1,2–2,7 l	1,2–2,7 l
Protein	45 g	55 g
Essentielle Fettsäuren	10 g	10 g
Kochsalz	5 g	5 g
Kalium	2–3 g	2–3 g
Calcium	800 mg	800 mg
Phosphor	800 mg	800 mg
Magnesium	300 mg	350 mg
Eisen	18 mg	12 mg
Jod	0,18 mg	0,18 mg
Vitamin A (Retinol)	800 µg	1000 µg
Vitamin E (Tocopherol)	1200 µg	1200 µg
Vitamin B_1 (Thiamin)	1100 µg	1300 µg
Vitamin B_2 (Riboflavin)	1600 µg	1800 µg
Vitamin B_6 (Pyridoxin)	1600 µg	1800 µg
Niacin	1500 µg	1800 µg
Vitamin C (Ascorbinsäure)	75 mg	75 mg

[1]) „Empfehlungen für die Nährstoffzufuhr" der DGE, 1985 (Auszug)
[2]) Wird beeinflußt u.a. durch Lebensalter, Körpergröße, Körpergewicht, Arbeitsschwere, Gesundheitszustand.

Frühstück zur Gewichtsstabilisierung

Wählen Sie aus jeder Lebensmittelgruppe einen Baustein aus, und kombinieren Sie diese 6 Bausteine zu einer Mahlzeit. Das 1. und 2. Frühstück liefert durchschnittlich 500 kcal/600 kcal/750 kcal, 15g/20 g/22 g Eiweiß, 15 g/15 g/23 g Fett und 75 g/95 g/110 g Kohlenhydrate.

Lebensmittelgruppe 1

Vollkornbrot
100 g 125 g 150 g

Roggenbrot
100 g 125 g 150 g

Grahambrot
100 g 125 g 150 g

Mischbrot
100 g 125 g 150 g

Brötchen
100 g 125 g 150 g

Knäckebrot
60 g 80 g 90 g

Haferflocken
50 g 50 g 60 g
+ Trockenfrüchte
20 g 30 g 40 g

Vollkornschrot
50 g 50 g 60 g
+ Trockenfrüchte
20 g 30 g 40 g

Corn-flakes
50 g 50 g 75 g
+ Trockenfrüchte
20 g 30 g 40 g

Müslimischung
40 g 50 g 60 g

Lebensmittelgruppe 2

Schnittkäse, 30 % F.i.Tr.
45 g 50 g 60 g
(Edamer, Gouda, Tilsiter)

Schnittkäse, 45 % F.i.Tr.
30 g 40 g 45 g

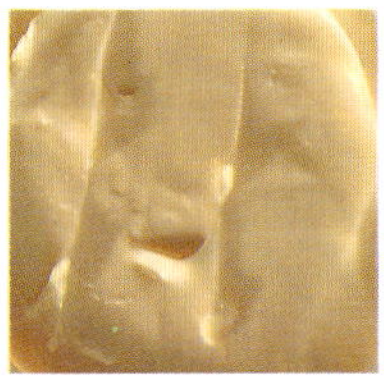

Weichkäse, 45 % F.i.Tr.
45 g 50 g 60 g
(Briekäse, Camembert, Schmelzkäse)

Harzer Käse
75 g 85 g 100 g
(Mainzer Handkäse)

Magerquark/Schichtkäse
100 g 125 g 150 g
+ Butter/Margarine
5 g 5 g 5 g

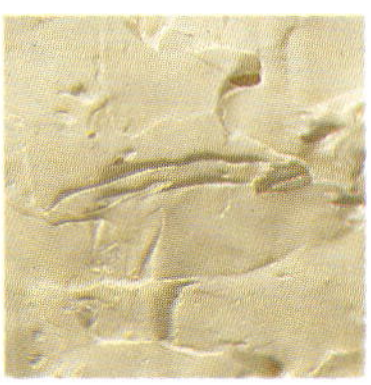

Doppelrahmfrischkäse
30 g 30 g 35 g

Trinkmilch, 3,5 % F.
175 ml 200 ml 250 ml

Joghurt, 3,5 % F.
175 g 200 g 250 g

Fleischwaren, mager
45 g 55 g 75 g
(Corned beef, Geflügelwurst, Schinken)

Eier
1 St. 1 St. 1. St.

Lebensmittel-gruppe 3

Butter/Margarine
5 g 10 g 15 g

Halbfettbutter/ Halbarine
10 g 20 g 30 g

Schlagsahne, 30 % F.
15 g 30 g 60 g

Lebensmittel-gruppe 4

Zucker
10 g 15 g 20 g

Honig
10 g 15 g 20 g

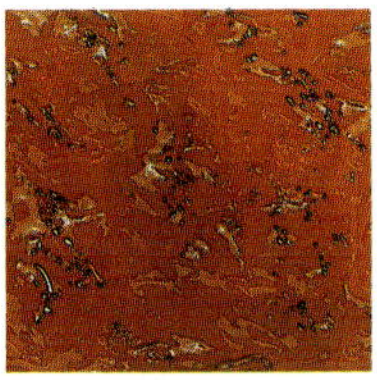

Marmelade
15 g 20 g 20 g

Trockenobst
20 g 20 g 35 g

Obst, frisch
100 g 125 g 150 g
z. B. Apfel

Lebensmittel-gruppe 5

Obst, frisch
150 g 150 g 200 g
z. B. Kirschen

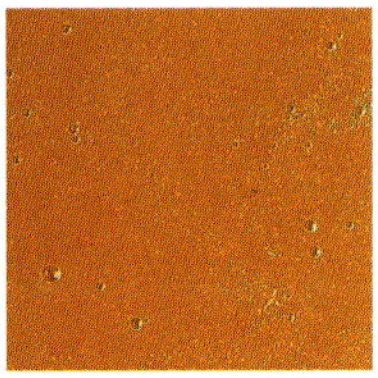

Obstsaft
150 ml 150 ml 200 ml

Lebensmittel-gruppe 6

Menge unbegrenzt

Kaffee, ohne Zucker

Tee, alle Sorten ohne Zucker

Mineralwasser

Mittagessen zur Gewichtsstabilisierung

Wählen Sie aus jeder Lebensmittelgruppe einen Baustein aus, und kombinieren Sie diese 6 Bausteine zu einer Mahlzeit. Das Mittagessen liefert durchschnittlich 500 kcal / 600 kcal / 750 kcal, 25 g / 30 g / 35 g Eiweiß, 20 g / 22 g/27 g Fett und 45 g / 75 g / 90 g Kohlenhydrate.

Lebensmittelgruppe 1

Geflügelfleisch, roh
100 g 100 g 125 g

Fleisch, roh
100 g 100 g 125 g
(Rind, Schwein, Kalb, Wild)

Fleisch, gegart
70 g 70 g 85 g

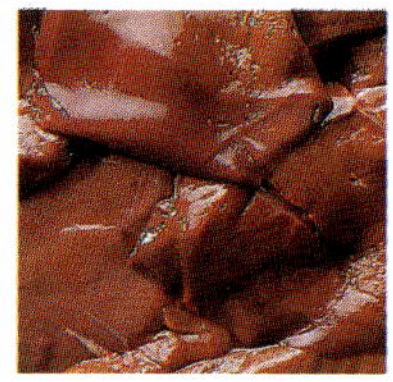

Leber
80 g 80 g 100 g

Hackfleisch
80 g 80 g 100 g

Seefisch
125 g 125 g 150 g
+ Fett
5 g 5 g 10 g

Forelle
150 g 150 g 200 g

Fischmarinade
80 g 80 g 100 g

Eier
1 St. 1 St. 2 St.

Hülsenfrüchte
50 g 50 g 75 g

Schnittkäse, 45 % F.i.Tr.
40 g 40 g 50 g

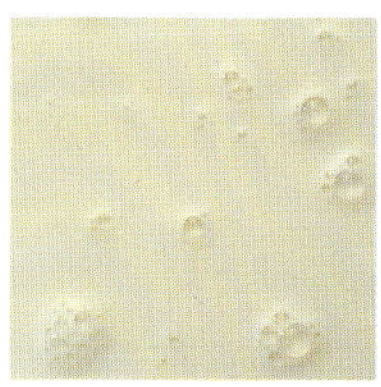

Vollmilch, 3,5 % F.
200 ml 200 ml 300 ml

Wurst
50 g 50 g 75 g

Lebensmittelgruppe 2

Kartoffeln
200 g 250 g 275 g

Kartoffelklöße, verzehrfertig
150 g 175 g 200 g

Naturreis, roh
50 g 60 g 75 g

Teigwaren, roh
50 g 60 g 75 g

Brot
75 g 100 g 125 g

Lebensmittelgruppe 3

Gemüse
200 g 250 g 250 g

Blattsalat
50 g 50 g 75 g

Rohkost
100 g 125 g 150 g

Naßkonserven
150 g 200 g 200 g

Tiefkühlkost
150 g 200 g 200 g

Lebensmittelgruppe 4

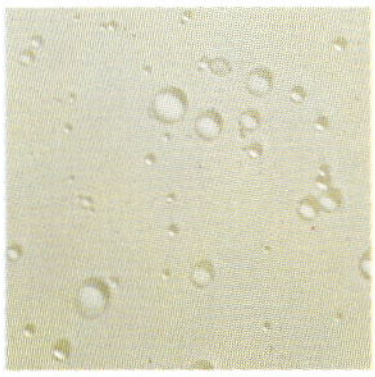

Öl
10 g 10 g 15 g

Butter/Margarine
12 g 12 g 18 g

Speck, durchwachsen
15 g 15 g 20 g

Schlagsahne, 30 % F.
30 g 30 g 45 g

Saure Sahne, 10 % F.
75 g 75 g 100 g

Lebensmittelgruppe 5

Pudding, verzehrsfertig
– 100 ml 100 ml

Götterspeise
– 150 g 150 g

Eiscreme, einfach
– 75 ml 75 ml

Rote Grütze
– 125 g 125 g

Joghurt mit Früchten, 3,5 % F.
– 125 g 125 g

Kompott
– 125 g 125 g

Obstkuchen, einfach
– 75 g 75 g

Lebensmittelgruppe 6

Menge unbegrenzt

Mineralwasser

Tee, ohne Zucker

Fleischbrühe

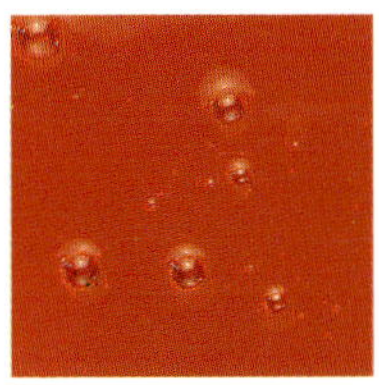

Gemüsesaft mit Mineralwasser

Abendessen zur Gewichtsstabilisierung

Wählen Sie aus jeder Lebensmittelgruppe einen Baustein aus, und kombinieren Sie diese 5 Bausteine zu einer Mahlzeit. Das Abendessen liefert durchschnittlich 450 kcal / 550 kcal / 650 kcal, 20 g / 25 g / 30 g Eiweiß, 20 g / 23 g / 25 g Fett und 50 g / 60 g / 75 g Kohlenhydrate.

Lebensmittelgruppe 1

Vollkornbrot
100 g 125 g 150 g

Grahambrot
100 g 125 g 150 g

Mischbrot
100 g 125 g 150 g

Brötchen
100 g 125 g 150 g

Vollkorntoast
100 g 125 g 150 g

Knäckebrot
60 g 70 g 90 g

Naturreis, roh
60 g 70 g 90 g

Vollkornnudeln, roh
60 g 70 g 90 g

Vollkorngetreide, roh
60 g 70 g 90 g
(Hirse, Grünkern, Hafer, Roggen, Weizen)

Kartoffeln
250 g 275 g 300 g

Lebensmittelgruppe 2

Wurst, fettarm
45 g 50 g 60 g
(Geflügelwurst, Mortadella, Weißwurst usw.)

Corned beef/ Schinken/Braten
45 g 50 g 60 g

Tatar
50 g 60 g 75 g

Huhn/Pute in Aspik
75 g 90 g 100 g

Schnittkäse, 30 % F.i.Tr.
45 g 50 g 60 g

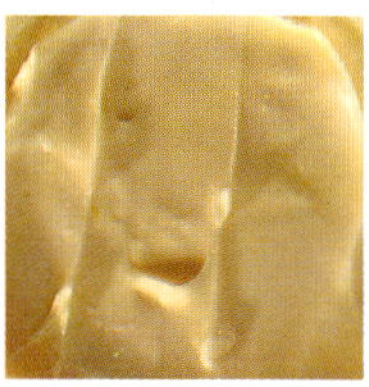
Weichkäse, 45 % F.i.Tr.
50 g 60 g 70 g

Harzer Käse
75 g 90 g 100 g

Magerquark
100 g 125 g 125 g
+ Butter/ Margarine
5 g 5 g 10 g

Eier
1 St. 1 St. 2 St.

Fischmarinade
75 g 100 g 125 g

Lebensmittelgruppe 3

Butter/Margarine
10 g 15 g 20 g

Mayonnaise,
80% F.
10 g 15 g 20 g

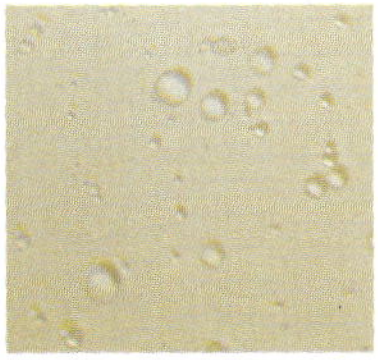

Öl
10 g 15 g 20 g

Schlagsahne,
30% F.
30 g 45 g 60 g

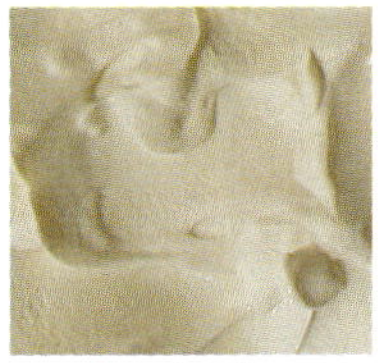

Saure Sahne,
10% F.
75 g 100 g 125 g

Lebensmittelgruppe 4

Gemüse
100 g 100 g 100 g

Fertigsalate
75 g 75 g 75 g

Lebensmittelgruppe 5

Menge unbegrenzt

Mineralwasser

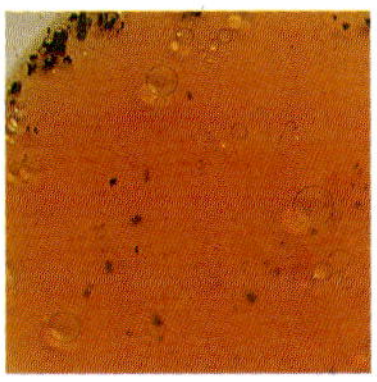

Fleischbrühe

Gemüsebrühe

Tee

Limonaden,
kalorienreduziert

„KLEINE SÜNDEN FÜR ZWISCHENDURCH“

Hier finden viele die Lebensmittel wieder, bei denen viele von Ihnen häufig „schwach werden“, deshalb werden sie Ihnen (in kleinen Mengen) gestattet. Sie können sie als kleine Zwischenmahlzeit verzehren, dann liefert diese 150 kcal/ 200 kcal/250 kcal

Bier/Apfelwein	300 ml	400 ml	500 ml
Weißwein/Rotwein/Sekt	180 ml	240 ml	300 ml
Obstbowle/Kalte Ente	150 ml	200 ml	250 ml
Dessertwein/Aperitif	75 ml	100 ml	125 ml
Likör	40 ml	60 ml	80 ml
Weinbrand	50 ml	60 ml	80 ml
Obstsaft/Limonade/koffeinhaltige Erfrischungsgetränke	300 ml	400 ml	500 ml
Kakao/Trinkschokolade	80 ml	100 ml	140 ml
Bonbons	35 g	50 g	60 g
Pralinen	30 g	40 g	50 g
Schokolade	25 g	35 g	45 g
Eiscreme	75 g	100 g	125 g
Eiskaffee	½ Port.	¾ Port.	1 Port.
Eisbecher mit Sahne	–	½ Port.	1 Port.
Erdnüsse/Pommes Chips	20 g	30 g	40 g
Erdnußlocken	30 g	40 g	50 g
Salzgebäck/Kräcker	35 g	45 g	55 g
Hefegebäck, einfach	70 g	100 g	115 g
Kleingebäck	30 g	40 g	50 g
Obstkuchen/Biskuit	75 g	100 g	125 g
Sahnetorte	–	60 g	75 g
Keks, einfach	35 g	50 g	60 g
Keks, gefüllt	25 g	35 g	45 g
Frankfurter Würstchen	50 g	75 g	100 g
Aufschnitt	30 g	45 g	55 g

MODERNE ZUBEREITUNGSMETHODEN

Von der Wahl Ihrer Rezepte und Speisen hängt es ab, ob Sie das erreichte Gewicht auf vernünftige Weise erhalten und sich und Ihre Familie richtig und vollwertig ernähren.
Stellen Sie die Lebensmittel sinnvoll zusammen, und gestalten Sie neue Rezepte mit folgenden Änderungen:

Weniger Fleisch und Wurst!
Große Portionen sind überflüssig und liefern zuviel Kalorien.
Sie können Fleisch und Wurst einsparen, indem Sie sie durch Gemüse ersetzen oder die im Rezept angegebene Gemüsemenge erhöhen, z. B. Wurzelgemüse und Zwiebeln in Gulasch, Hackfleischgerichten und Soßen;
- Erbsen, Sellerie, Champignons in Fleisch- und Wurstsalaten;
- Tomaten, Gurken und Radieschen als Brotbelag.

Weniger Fett!
Fett ist besonders kalorienreich und begünstigt die Entstehung vieler Krankheiten.
Fett kann auf viele Arten eingespart werden, so z. B.
- beim Braten von Fleisch und beim Dünsten von Gemüse; Sie brauchen nur mit einem kleinen Backpinsel und etwas Öl die Pfanne auszupinseln
- beim Zubereiten von Salaten, Soßen und Suppen;
- beim Streichfett, das unter Wurst- und Käsebelag überflüssig ist;
- durch Bevorzugung fettarmer Milch-, Käse- und Wurstsorten.

Weniger Zucker!
Zucker enthält außer Energie keine Vitamine und Mineralstoffe.
Sie können ihn bei allen Backwaren und Süßspeisen reduzieren. Sie werden sehen, der Geschmack gewöhnt sich an die reduzierte Süße.

Mehr Brot, Getreideerzeugnisse und Kartoffeln!
Diese sind reich an Mineralstoffen, Vitaminen und Ballaststoffen, haben einen hohen Sättigungswert und machen, sinnvoll eingesetzt, nicht dick.
Deshalb sollten Sie Brot, Getreide und Kartoffeln in den Mittelpunkt jeder Mahlzeit stellen.
Eine Scheibe kräftiges Vollkornbrot oder ein frisches Brötchen schmeckt auch ohne Belag sehr gut. Eine frische, schonend gegarte Kartoffel schmeckt auch ohne große Fleischportion oder fette Soße.

Mehr Gemüse!
Gemüse ist reich an Mineralstoffen, Vitaminen und Ballaststoffen, aber arm an Kalorien.
Deshalb zu jeder Mahlzeit eine gute Portion Gemüse oder Frischkost.

Jeden Tag 1 Portion Milch oder Käse!
Diese Lebensmittel liefern wichtige Mineralstoffe.

Die folgenden Grundrezepte wurden nach den Anforderungen der modernen Ernährungswissenschaft aus althergebrachten Rezepten neu entwickelt. Sie zeigen, wie sich die Empfehlungen in die Praxis übertragen lassen.

Grundrezepte für die Mittagsmahlzeit

Gulasch auf Großmutters Art

500 g	Rinder- oder Schweinefleisch
50 g	Bratfett
1	Zwiebel
20 g	Mehl

Mit diesen Mengen lieferte **1 Portion: 450 kcal.**

Gulasch nach moderner Art

375 g	Rinder- oder Schweinefleisch
20 g	Bratfett
1	Zwiebel
	Paprika
500 g	Gemüse (z. B. Karotten, Pilze, Paprikaschoten, Sauerkraut, Sellerie, Tomaten)
20 g	Mehl

1. Das in Würfel geschnittene Fleisch in heißem Bratfett von allen Seiten kräftig anbraten, die feingewürfelte Zwiebel dazugeben und kurz mitbraten. Mit Paprika bestreuen, leicht salzen. ¼ l Wasser angießen, den Bratensatz lösen und kurz aufkochen lassen.
2. Die Hitze herunterschalten und das Gulasch auf mittlerer Hitze köcheln lassen. Nach 20 Minuten das kleingeschnittene Gemüse dazugeben und alles zusammen gar schmoren. Nach Geschmack würzen. Das Mehl mit etwas kaltem Wasser verrühren und das Gulasch damit binden.

Bei diesem Gulaschrezept liefert **1 Portion: 250 kcal.**

Hackfleischteig

(geeignet für Hacksteak, Hackbraten, Gemüsefüllungen und Aufläufe)

2	Brötchen
1	Ei
250 g	Hackfleisch, halb und halb
2	Zwiebeln
200 g	Gemüse
	Salz, Pfeffer
	Paprika

1. Die Brötchen in kaltem Wasser einweichen, ausdrücken, etwas auseinanderzupfen und mit dem Ei und der Hackfleischmasse mischen.
2. Die Zwiebeln und das Gemüse sehr fein würfeln, in einer beschichteten Pfanne andünsten und zum Fleisch geben, mit Salz, Pfeffer, Paprika würzen.

1 Portion: 175 kcal

Variation:
Anstelle der Brötchen können Sie auch 100 g Grahambrot oder 150 g gegartes Vollkornschrot verwenden.

Fischfilet in der Folie

600 g	Fischfilet (oder
800 g	Fisch im ganzen)
	Zitronensaft
	Salz
500 g	Gemüse (z. B. Karotten,
	Erbsen, Tomaten, Paprika,
	Fenchel)

1. Den Fisch säubern, säuern, salzen und in eine Bratfolie setzen. Das Gemüse fein würfeln, in einer beschichteten Pfanne andünsten und zum Fisch geben.
2. Die Folie gut verschließen und im Backofen bei 200 °C 20–30 Minuten garen.

1 Portion: 270 kcal

Grundsoße

(geeignet für Kräuter-, Käse-, Senf-, Tomaten- oder Meerrettichsoße)

20 g	Fett
40 g	Mehl
½ l	Fleisch- oder Gemüsebrühe
30 g	Joghurt
1 TL	Mehl

Das Fett erhitzen und das Mehl darin anschwitzen. Unter ständigem Rühren die Brühe angießen. Den Joghurt mit Mehl verrühren, dazugeben.

Tip: Mit feingehackten Kräutern, geriebenem Käse, Senf, Tomatenmark oder Meerrettich abwandeln.

1 Portion: 80 kcal

Hülsenfrüchteeintopf
(geeignet für alle Hülsenfrüchte)

350 g	Hülsenfrüchte
500 g	Kartoffeln
500 g	Gemüse (z. B. Karotten, Lauch, Paprika, Sellerie)
1 l	Fleischbrühe
250 g	Pökelfleisch (ohne Fettrand)
40 g	durchwachsener Speck
100 g	Zwiebel

1. Die in kaltem Wasser über Nacht eingeweichten Hülsenfrüchte mit den gewürfelten Kartoffeln und dem kleingeschnittenen Gemüse in einen Topf geben und Fleischbrühe angießen.
2. Das Pökelfleisch dazugeben und den Eintopf aufkochen lassen, die Hitze reduzieren und den Eintopf garen, bis die Hülsenfrüchte weich sind (oder Druckgaren).
3. Den Speck in einer Pfanne ausbraten und die kleingewürfelte Zwiebel darin goldgelb braten, über den fertigen Eintopf geben.

1 Portion: 545 kcal

Gemüse
(geeignet für alle Gemüsesorten)

750 g	Gemüse
20 g	Butter

Das Gemüse entsprechend putzen und dämpfen, dünsten oder kochen. Die arttypischen Duft- und Geschmacksstoffe müssen erhalten bleiben. Mit zerlassener Butter servieren.

1 Portion: 90 kcal

Pommes frites

Statt Pommes frites zu fritieren, sollten Sie lieber auf tiefgefrorene Ware zurückgreifen, die Sie auf ein gefettetes Backblech legen und im Ofen bei 250 °C backen.

1 Portion: 200 kcal

Bratkartoffeln

800 g	Kartoffeln, roh
30 g	Bratfett/Öl
1	Zwiebel
	Salz, Kümmel

Die Kartoffeln schälen, in dünne Scheiben schneiden. Das Fett in einer großen Pfanne erhitzen, Zwiebelwürfel und Kartoffelscheiben hineingeben, mit Salz und Kümmel bestreuen, in geschlossener Pfanne 15 Minuten bei schwacher Hitze garen, in offener Pfanne noch ca. 10 Minuten unter häufigem Wenden bräunen.

1 Portion: 230 kcal

Backblechkartoffeln

1 kg	Kartoffeln
2 EL	Öl
	Salz, Kümmel

Die möglichst gleichgroßen Kartoffeln gründlich waschen, der Länge nach halbieren. Das Backblech mit Öl bestreichen, die Kartoffeln mit der Schnittfläche nach unten auf das Blech setzen, mit Öl bepinseln und mit Salz und Kümmel bestreuen und bei 220 °C im Ofen etwa 40 Minuten backen.

1 Portion: 225 kcal

Reis

1	Zwiebel
20 g	Butter/Öl
250 g	Reis
½ l	Brühe

Die feingewürfelte Zwiebel im heißen Fett andünsten, den Reis dazugeben, unter häufigem Rühren dünsten. Die Brühe angießen, aufkochen lassen, die Hitze reduziere und den Reis ausquellen lassen.
Verwenden Sie am besten Naturreis oder parboiled Reis.

1 Portion: 275 kcal

Gemüsesalat

300–400 g	Frischgemüse (z.B. Blumenkohl, Chinakohl, Fenchel, Gurken, Karotten, Kohlrabi, Paprika, Rettich, rote Bete, Sauerkraut, Tomaten, Weißkohl)

Gemüse gründlich säubern, je nach Sorte fein schneiden oder raspeln. Mit frischen Kräutern, Obst, Zwiebeln oder mit anderen Gemüsesorten mischen, mit einer Marinade vermengen.

1 Portion: ca. 35 kcal

Öl-Essig-Marinade

2 EL	Öl
3 EL	Essig
1 EL	feingehackte Zwiebel oder frische, feingehackte Kräuter
	Salz, Pfeffer

Alle Zutaten mischen, mit Salz und Pfeffer abschmecken.

1 Portion: 50 kcal

Joghurtmarinade

150 g	Joghurt
1 EL	Öl
1 EL	Zitronensaft
1 EL	frische, feingehackte Kräuter
	Salz, Pfeffer

Alle Zutaten miteinander mischen, mit Salz und Pfeffer abschmecken.

1 Portion: 55 kcal

Variationen:
Anstelle der Kräuter können Sie auch
- 1 EL Meerrettich,
- 1 kleine, zerdrückte Banane,
- 1 EL gemahlene Nüsse,
- 1 TL Paprika,
- 1 TL Tomatenmark,
- 1 zerdrückte Knoblauchzehe oder
- 1 EL geschmolzenen Edelpilzkäse

verwenden.

Grundrezepte für die Abendmahlzeit

Auch diese Rezepte sind für 4 Portionen angegeben.

Auflauf, süß

(mit Grieß, Reis, Brot oder Zwieback)

250 g	Grieß oder Reis
1 l	Milch
20 g	Butter oder Margarine
40 g	Zucker
2	Eier
125 g	Quark
40 g	Rosinen
40 g	Nüsse oder Mandeln

1. Den Grieß oder den Reis mit der Milch zu einem Brei kochen.
2. Die Butter mit dem Zucker schaumig rühren, die Eier dazugeben, den Quark, die Rosinen und die Nüsse oder Mandeln untermischen.
3. In eine Auflaufform füllen und im Backofen bei 200 °C 30–40 Minuten backen.

1 Portion: 570 kcal

Variationen:
Anstelle von Grieß oder Reis können Sie auch Brötchen oder Zwieback verwenden, die Sie zerkleinern und mit ½ l Milch mischen. Statt Rosinen und Nüsse kann auch 750 g frisches Obst unter den Auflauf gemischt werden.

Auflauf, herzhaft

(mit Reis, Teigwaren, oder Kartoffeln)

250 g	Reis, Teigwaren oder
750 g	Kartoffeln
375 g	Gemüse
125 g	Schinken oder Wurst
2	Eier
200 g	Joghurt
20 g	Käse
20 g	Butter oder Margarine

1. Den Reis, die Teigwaren oder die Kartoffeln in Salzwasser kochen, die Kartoffeln danach in Scheiben schneiden.
2. Das Gemüse kleinschneiden, in einer beschichteten Pfanne anbraten, mit dem kleingeschnittenen Schinken oder der Wurst, dem Reis, den Teigwaren oder den Kartoffeln in eine Auflaufform schichten.
3. Eier und Joghurt mischen, mit Gewürzen und Kräutern nach Wahl abschmecken, über den Auflauf geben. Diesen mit geriebenem Käse bestreuen, die Butter als Flöckchen aufsetzen und im vorgeheizten Backofen bei 200 °C ca. 30–40 Minuten backen.

1 Portion: 465 kcal

Bauernomelette/ Bauernfrühstück

125 g	roher Schinken
1	Zwiebel
200 g	Paprikaschoten
100 g	Tomaten
2	Gewürzgurken
800 g	gegarte Kartoffeln
20 g	Bratfett/Öl
4	Eier

Den Schinken und das Gemüse würfeln, die Kartoffeln in Scheiben schneiden, im heißen Öl braten, die Eier verquirlen, würzen, darübergeben und stocken lassen.

1 Portion: 430 kcal

Kartoffelsalat

750 g	Kartoffeln
1	Zwiebel
250 g	Gemüse (z. B. Erbsen, Gurken, Karotten, Paprika, Tomaten, Rotkohl)
60 g	Mayonnaise
150 g	Joghurt
	Salz, Pfeffer

1. Die Kartoffeln waschen, mit der Schale in Salzwasser kochen, pellen, in Scheiben schneiden und abkühlen lassen.
2. Die Zwiebel fein würfeln, das Gemüse fein schneiden, entweder roh oder kurz gedünstet, mit den Kartoffeln und der Zwiebel mischen. Mit der Marinade aus Mayonnaise, Joghurt, Salz und Pfeffer mischen.

1 Portion: 310 kcal

Reis- oder Nudelsalat

250 g	Reis oder Teigwaren
125 g	Schinken oder Wurst
500 g	Gemüse (z. B. Erbsen, Karotten, Champignons, Paprika, Tomaten, Sellerie)
1	Apfel oder 1 Zwiebel
60 g	Mayonnaise
150 g	Joghurt
	Salz, Pfeffer

1. Den Reis oder die Teigwaren in Salzwasser gar kochen, abkühlen lassen und mit den restlichen kleingeschnittenen Zutaten mischen.
2. Aus Mayonnaise, Joghurt, Salz und Pfeffer eine Marinade herstellen und zum Salat geben.

1 Portion: 490 kcal

Käse- oder Wurstsalat

200 g	Schnittkäse, Fleischwurst oder Schinken
500 g	Gemüse oder Obst (z. B. Erbsen, Gurken, Karotten, Äpfel, Ananas, Birnen, Mandarinen)
60 g	Mayonnaise
150 g	Joghurt
	Salz, Pfeffer
	Zitronensaft

Die Zutaten kleinschneiden und mit der Marinade aus Mayonnaise, Joghurt, Salz, Pfeffer und Zitronensaft mischen.

1 Portion: 330 kcal

Fleisch-, Fisch- oder Geflügelsalat

200 g	gegartes Fleisch, Brathuhn, oder gedünsteten Fisch
400 g	Gemüse oder Obst (z. B. Champignons, Erbsen, Karotten, Gurken, Blumenkohl, Äpfel, Ananas, Orange, Kiwis)
60 g	Mayonnaise
150 g	Joghurt
	Salz, Pfeffer
	Zitronensaft

Die Zutaten kleinschneiden und mit der Marinade aus Mayonnaise, Joghurt, Salz, Pfeffer und Zitronensaft mischen.

1 Portion: 240 kcal

Grundrezepte für Backwaren

Auch beim Backen können Kalorien eingespart werden.

Hefeteig

(für Blechkuchen, Hefezopf, Kleingebäck)

375 g	Mehl
20 g	Hefe, 200 ml Milch
35 g	Butter oder Margarine
35 g	Zucker

1. Das Mehl in eine Schüssel sieben, eine Mulde eindrücken. Die Hefe zerbröckeln, mit etwas lauwarmer Milch und etwas Zucker in die Mehlmulde geben, leicht verrühren und etwas Mehl darüberstäuben. Die Schüssel mit einem Tuch abdecken, die Hefe gehen lassen.
2. Wenn sie Blasen wirft, mit der Butter, der restlichen Milch, dem Zucker und dem Mehl verrühren und kräftig kneten. Nochmals gehen lassen.

1 Portion (= 1/10 der Menge): 185 kcal

Variation:
Die halbe bis ganze Mehlmenge kann durch Weizenvollkornmehl oder -schrot ersetzt werden.

Mürbeteig (Knetteig)

(für Obstkuchen, Käsekuchen, Kleingebäck; ohne Zucker für Pizza, Zwiebelkuchen u.ä.)

250 g	Mehl
75 g	Butter oder Margarine
1	Ei
50 g	Zucker
	Wasser nach Bedarf

Daraus einen glatten Teig kneten.

1 Portion (= 1/10 der Menge): 170 kcal

Variation:
Die halbe bis ganze Mehlmenge kann durch Weizenvollkornschrot ersetzt werden.

Biskuitteig

(für Torten, Rollen, Obstböden und Kleingebäck)

3	Eigelb
4 EL	Wasser
100 g	Zucker
4	Eiweiß
80 g	Mehl
80 g	Stärke

1. Die Eigelbe mit dem Wasser und dem Zucker zu einer dickschaumigen Masse schlagen.
2. Die Eiweiße sehr steif schlagen, auf den Eischaum geben, Mehl und Stärkemehl darübersieben und die Zutaten vorsichtig unterheben.

1 Portion (= 1/10 der Menge): 125 kcal

Variation:
Anstelle des Stärkemehls kann auch Buchweizenmehl verwendet werden.

Rührteig

(für Marmorkuchen, Zitronenkuchen, versunkenen Obstkuchen)

125 g	Butter oder Margarine
200 g	Zucker
3	Eier
500 g	Mehl
1 Päck.	Backpulver
1/4 l	Milch

Die Butter mit dem Zucker verrühren, die Eier einzeln zufügen und unterrühren. Das Mehl mit dem Backpulver mischen, darübersieben und verrühren, dabei die Milch langsam in den Teig rühren.

1 Portion (= 1/15 der Menge): 265 kcal

AUSGLEICH KLEINER SÜNDEN

Kleine Feste, Einladungen und Partys machen es häufig schwer, die Ernährungsregeln und gefaßten guten Vorsätze einzuhalten, und die Waage macht am nächsten Tag die begangenen Sünden sichtbar. Ein oder zwei Kilo Gewichtszunahme sind dabei keine Seltenheit.
Diese plötzliche Gewichtszunahme beruht in erster Linie auf einer vermehrten Wasserspeicherung, bedingt durch einen hohen Salzverzehr. Doch keine Angst, denn mit ein bis zwei Schalttagen lassen sich die „Seitensprünge" wieder geradebiegen. Sie schwemmen auf grund ihrer Zusammensetzung Kochsalz und Wasser aus und regulieren damit die kurzfristige Gewichtszunahme.
Beachten Sie bitte, gleichgültig für welche Schalttagform Sie sich entscheiden, folgendes:
- Die angegebenen Mengen müssen exakt eingehalten und auf 5 Mahlzeiten verteilt werden.
- Sie dürfen weder Kochsalz noch kochsalzhaltige Würzmittel verwenden.
- Trinken Sie zusätzlich noch einen Liter Tee, Mineralwasser oder salzfreie Gemüsebrühe.

Quark-Kartoffel-Tag
(800 kcal)

500 g	Magerquark
	Kräuter, 1 Zwiebel
	oder 1 Tomate
300 g	Kartoffeln
50 g	Vollkornbrot

Den Quark mit Wasser glattrühren, mit frischen, feingehackten Kräutern, Zwiebeln oder der Tomate abschmecken. Die Kartoffeln in der Schale garen. Alles sehr langsam essen.

Gemüsetag
(500–750 kcal)

1–1½ kg	Gemüse

Das Gemüse ohne Fett dünsten oder roh fein reiben, schneiden, gut kauen!

Reis-Obst-Tag
(800 kcal)

100 g	Reis (Naturreis)
500 g	Obst

Den Reis in Wasser ausquellen lassen. Das Obst roh oder ohne Zucker gedünstet dazugeben.

Sauerkraut-Kartoffel-Tag
(750 kcal)

1	Zwiebel
1	Möhre
1	Apfel
750 g	Sauerkraut
150 g	Kartoffeln

Das Gemüse und den Apfel fein schneiden, mit dem Sauerkraut dünsten, auf 4 Mahlzeiten verteilen. Die Kartoffeln in der Schale garen, mittags verzehren.
Sie können auch alle Zutaten zu einem Salat verarbeiten und als Rohkost verzehren.

Safttag
(500–750 kcal)

1–1½ l	Obst- und/oder Gemüsesaft
½ l	Gemüsebrühe,
	selbst bereitet

In kleinen Schlucken trinken.

Milch-Brot-Tag
(850–900 kcal)

1 l	Milch
2–3	Brötchen

Milch und Brötchen sehr langsam essen und trinken.

UNSERE ERNÄHRUNGSRATSCHLÄGE WURDEN GETESTET: DAS ERGEBNIS

Die Anfänge unseres „Schlankheitsplans" gehen auf zwei Testreihen mit 40 übergewichtigen Versuchspersonen zurück, die wir 1975 und 1976 zur Prüfung einer kalorienreduzierten Mischkost mit einem Brotanteil von etwa 240–280 g pro Tag am Institut für Ernährungswissenschaft der Justus-Liebig-Universität Gießen durchgeführt haben. Brot ist als Grundnahrungsmittel überall verfügbar, läßt sich mit allen Lebensmitteln gut kombinieren, wird von nahezu allen Menschen akzeptiert und ist, vor allem in Form von Vollkornbrot oder Brot aus hochausgemahlenen, d.h. dunklen Mehlen, ein guter Lieferant für wertvolle Nähr- und Ballaststoffe. Gleichzeitig ist es fettarm. „Warum nicht auch Brot in einer Reduktionsdiät?" dachten wir. Weil die bis dahin üblichen Ernährungsratschläge zur Verminderung von Übergewicht jedoch stets vor den Kohlenhydraten warnten, vor allem auch vor Brot, hatten wir unsere Versuchspersonen sicherheitshalber darauf vorbereitet, daß sie möglicherweise während der Versuchszeit ziemlich hungrig sein würden und daß es Ihnen voraussichtlich schwerfallen dürfte, vier Wochen mit einer Verminderung der Nahrungsenergie (Kalorienzufuhr) auf 60 % des Bedarfs durchzustehen. Für das Durchhalten versprachen wir daher, neben der kostenlosen Teilnahme an der Verpflegung, auch eine Belohnung.

Um so mehr waren nicht nur die Versuchsteilnehmer, sondern auch wir selbst überrascht, daß sich diese Kostform nicht nur wie erwartet als wirksam, sondern auch in der praktischen Durchführung als sättigend und weitgehend unproblematisch herausstellte. Die durchschnittliche Gewichtsabnahme betrug in vier Wochen sechs Kilogramm, gleichzeitig konnten die Blutfettwerte (Cholesterin, Triglyceride) im Durchschnitt um etwa 20–25 % gesenkt werden, vor allem Extremwerte wurden wieder in den Normalbereich zurückgeführt, und auch erhöhte Blutdruckwerte wurden durch die Gewichtsabnahme deutlich gesenkt. Der Blutzuckerspiegel blieb konstant im Normalbereich.

Dieser Erfolg war in der damaligen Zeit, in der eiweiß- und fettreiche bzw. kohlenhydratarme Diätvorschläge Hochkonjunktur hatten, offensichtlich für weite Kreise verblüffend, wie die zahlreichen Zeitungsmeldungen darüber belegen.

Im Laufe der darauffolgenden Jahre wurden unsere Ernährungsratschläge vielfach erprobt und weiterentwickelt. Die Ergebnisse fanden für das nun vorliegende Konzept Verwendung.

Um die Langzeitwirkung zu prüfen, wurden zunächst in einer Nachuntersuchung, drei und sechs Monate nach dem Versuch, die Teilnehmer einer vierwöchigen kontrollierten Versuchsreihe, die anschließend lediglich weitere schriftliche Informationen für die Ernährung zur Stabilisierung ihres Gewichts erhalten hatten, unvorbereitet besucht. Ergebnis: Die meisten der Teilnehmer hatten ihr reduziertes Gewicht gehalten. Ein kleiner Teil hatte weiter abgenommen, einige allerdings auch wieder etwas zugenommen. Keiner der Teilnehmer hatte jedoch sein Ausgangsgewicht wieder erreicht.

Diese Erfolge und die zahlreichen Anfragen aus der Bevölkerung ermutigten uns, Seminare mit über zehn Wochen Dauer durchzuführen, an denen sich im Laufe der Zeit über 600 Übergewichtige beteiligten.
Erstmals wurden hier die Lebensmittelmengen in „Bausteine" eingeteilt und eine Vielzahl von Austauschmöglichkeiten angeboten. Die Teilnehmer konnten nun mit Hilfe eines Plans ihre Kost individuell zusammenstellen und ihren Bedürfnissen sowie den jeweiligen Gegebenheiten anpassen. Gruppenarbeiten, Gespräche und praktisches Kochen in den Seminaren halfen ihnen dabei. Diese Methode fordert von den Seminarteilnehmern aktives Mitdenken und Mitarbeiten und förderte dadurch das Erlernen eines vernünftigen Ernährungsverhaltens. Entsprechende Regeln für ein Verhaltenstraining wurden ebenso eingeübt. Die Gewichtsabnahme betrug nach zehn Wochen sieben bis acht Kilogramm. Die angebotene Mischkost wurde sehr gut aufgenommen, und die Vorzüge dieses Plans immer wieder betont. Das allgemeine Wohlbefinden während der Reduktionskost wurde, nachdem die ersten Tage überstanden waren, besonders dankbar erwähnt.

Ohne die unterstützende Betreuung durch das Institut, die Gruppe oder durch andere Berater wurden schließlich die entwickelten „Diätfahrpläne" über verschiedene Sendungen in Fernsehen und Rundfunk bekanntgemacht und an Übergewichtige weitergegeben. Auch in der ärztlichen Fortbildung fand das Konzept Eingang mit dem Titel „Schlank werden und bleiben – ein Konzept zur Ernährung bei Übergewicht".
Für die Belange der Betriebsverpflegung wurden zum Teil ärztlich kontrollierte, durch Ernährungswissenschaftler überwachte vierwöchige Tests in Betriebsrestaurants und Kliniken in Hamburg, Köln, Marburg, Frankfurt und Bad Homburg durchgeführt, aus denen ein Aktionsprogramm für die Betriebsverpflegung entstand, um das Abnehmen am Arbeitsplatz zu unterstützen. Es wurde inzwischen von über 60 größeren Betrieben in allen Teilen der Bundesrepublik Deutschland übernommen.
Alle Evaluationsstudien und Befragungen zu diesen Aktionen beweisen immer wieder eine hohe Akzeptanz unserer Ernährungsratschläge seitens der Übergewichtigen sowie deutliche und in Ihrem Ausmaß sinnvolle, weil stetige Gewichtsabnahmen (siehe Tabelle Seite 114).
Alles in allem zeigen unsere Erfahrungen, daß eine kalorienverminderte und gleichzeitig fettarme Mischkost zwar keine Wunder vollbringt, aber fast immer sicheren Erfolg bei der Reduktion von Übergewicht hat, wenn sie aus ernährungsphysiologi-

scher Sicht richtig zusammengesetzt ist. Dies trifft für unseren Schlankheitsplan zu. Er ist abwechslungsreich, anpassungsfähig und leicht durchzuführen. Er trägt nicht mehr den Namen „Brotdiät". Einerseits läßt diese Bezeichnung nach unserer Erfahrung allzu leicht den fälschlichen Eindruck aufkommen, daß Brotessen allein schon ausreiche, um Diät zu halten und wieder schlanker zu werden, andererseits ist zwar der Brotanteil unserer Ernährungsempfehlungen nach wie vor relativ hoch im Vergleich zu den zur Zeit üblichen Ernährungsgewohnheiten, doch bieten wir im Schlankheitsplan nun vermehrt auch Alternativen an.

Unsere Empfehlungen lassen sich auch über längere Zeit ohne gesundheitliche Risiken einhalten, da sie nach den Erkenntnissen der Ernährungswissenschaft berechnet wurden – hier gibt es keine Fehl- oder Mangelernährung! Die Rezepte des Schlankheitsplans enthalten auf den Tag berechnet alle für die Gesunderhaltung des Menschen notwendigen Nähr- und Ballaststoffe und sind lediglich im Kaloriengehalt herabgesetzt, um den Körper zum Abbau der eigenen, unnötigen Fettdepots zu veranlassen.

Unsere Absicht ist es, ein (wieder) vernünftigeres Ernährungsverhalten mit normalen Lebensmitteln zu vermitteln, denn wir fordern keine radikale Umstellung der Ernährungsgewohnheiten, da wir auf ungewohnte Sonderlebensmittel weitgehend verzichten. Ein Umdenken in der Ernährungsweise wollen wir allerdings bewirken. Betrachtet man unser Ernährungsverhalten der letzten 30 Jahre anhand der Entwicklung des Nahrungsmittelverbrauchs, so muß man feststellen, daß der Verzehr von Getreideprodukten und Kartoffeln, d. h. von Nahrungsmitteln mit hohem Gehalt an komplexen Kohlenhydraten und Ballaststoffen, ständig abgenommen hat. Gleichzeitig nahm der Fett- und Fleischanteil in unserer Ernährung zu, ebenso der Anteil an Zucker und an alkoholischen Getränken. Schon diese Tatsache macht deutlich, daß der in unserer Ernährung drastisch zurückgegangene Kohlenhydratanteil nicht schuld sein kann, wenn heute das Übergewicht in allen Ländern mit hohem Lebensstandard als Ernährungsproblem Nr. 1 und weit verbreitetes Gesundheitsrisiko gilt. Zahlreiche wissenschaftlich begründete Ratschläge für eine Änderung der Ernährungsweise enthalten deshalb auch die Empfehlung, bei einer Verminderung der Zufuhr von Nahrungsenergie, gemessen in Kalorien oder Joule, unter Sicherung der Versorgung mit allen lebensnotwendigen Nährstoffen (Eiweiß, Vitamine und Mineralstoffe einschließlich der Spurenelemente), vor allem den Fettverbrauch zu drosseln, ebenso den Verbrauch an Zucker und Alkohol, den Verbrauch an Getreideprodukten Kartoffeln und Gemüsen jedoch eher zu steigern.

Es ist nicht einzusehen, warum diese Empfehlung nicht auch für Reduktionsdiäten und für Ratschläge zur Ernährung bei Übergewicht gültig sein sollte!

Bisherige praktische Erfahrungen mit dem „Schlankheitsplan" und seinen Vorläufern

Aktion	Dauer (Wochen)	Teilnehmerzahl	Durchschnittliche Gewichtsabnahme (kg)
Erste Versuchsreihen am Institut f. Ernährungswissenschaft der Universität Gießen	4	72	5,7
Seminare	10	600	7,4
Seminare mit Fernkontakt über das Institut für Ernährungswissenschaft	8	170	6,2
Patienten in der ärztlichen Praxis	4	2.300	3,5
Kontrollierte Studien in der Betriebsverpflegung	4	290	3,7
Betriebsverpflegung (Feldversuch)	4	ca. 30.000	4,4 (nach einer Erhebung)

ANHANG

NÄHRWERTTABELLE

In dieser Tabelle wurde der Nährstoffgehalt in der verzehrsüblichen Menge angegeben, so sehen Sie auf den ersten Blick, wieviel Sie mit einer Portion zu sich nehmen.

Abkürzungen:
kJ = Kilojoule
kcal = Kilokalorien
Prot. = Protein
MFS = mehrfach ungesättigte Fettsäuren
KH = Kohlenhydrate

Ca = Calcium
Fe = Eisen
Vit. = Vitamin
Bal. = Ballaststoffe
Por. = Portion
St. = Stück
Sch. = Scheibe

Fleisch, Wurst, Fisch

Lebensmittel	Menge g	kJ	kcal	Prot. g	Fett g	MFS g	KH g	Ca mg	Fe mg	Vit. A µg	Vit. B_1 µg	Vit. B_2 µg	Vit. C mg	Bal. g
Kalbfleisch, 1 Por.	125	630	150	26	4	0.4	0	13	3	0	163	325	0.0	0.0
Rindfleisch, 1 Por.	125	1090	260	24	16	0.6	0	9	3	6	89	248	0.0	0.0
Rindfleisch, mager, 1 Por.	125	700	165	24	8	0.6	0	16	4	4	113	238	0.0	0.0
Schweinefleisch, 1 Por.	125	1500	360	21	28	2.1	0	9	1	0	943	273	0.0	0.0
Schweinefleisch, mager, 1 Por.	125	810	195	26	10	0.0	0	3	3	0	1000	238	0.0	0.0
Brathuhn, Keule, 1 Por.	125	580	140	26	4	0.8	0	19	2	6	125	300	0.0	0.0
Hackfleisch, 1 Por.	75	775	185	13	13	0.8	0	5	1	2	309	156	0.0	0.0
Geflügelwurst, mager, 1 Sch.	30	135	30	5	1	0.0	0	3	0	0	24	60	0.0	0.0
Bierschinken, 1 Sch.	30	300	70	5	6	0.6	0	5	0	0	93	54	0.0	0.0
Salami, 6 Sch.	30	655	155	5	15	1.5	0	11	1	0	54	60	0.0	0.0
Schinken, ½ Sch.	30	320	75	6	5	0.4	0	3	1	0	156	67	0.0	0.0
Schinken, roh, 1 Sch.	30	485	115	5	11	0.8	0	3	1	0	165	60	0.0	0.0
Fischkonserven, 1 Por.	75	765	185	14	13	2.5	0	78	1	41	36	128	0.1	0.0
Fische, 1 Por.	150	825	200	27	8	2.6	0	35	1	38	128	333	0.5	0.0

Eier, Milch, Käse, Fette

Lebensmittel	Menge g	kJ	kcal	Prot. g	Fett g	MFS g	KH g	Ca mg	Fe mg	Vit. A µg	Vit. B_1 µg	Vit. B_2 µg	Vit. C mg	Bal. g
Eier, 1 St.	55	395	94	7	6	0.7	1	31	1	145	55	224	0.0	0.0
Milch, ¼ l	250	640	150	8	8	0.2	12	298	0	58	88	438	2.3	0.0
Milch, 1,5 % F., ¼ l	250	455	110	9	3	0.1	11	280	0	28	98	440	3.3	0.0
Schlagsahne, 1 EL	25	300	70	1	7	0.2	1	18	0	62	7	34	0.2	0.0
Sahne, saure, 10 % F., 2 EL	30	145	35	1	3	0.1	1	30	0	20	11	45	0.0	0.0
Joghurt, 1 Becher	150	370	90	6	4	0.1	8	194	0	29	59	269	1.8	0.0
Schnittkäse, 45 % F., 1 Sch.	30	465	110	7	9	0.2	1	203	0	66	18	105	0.0	0.0
Weichkäse, 45 % F., 1 Por.	30	365	85	6	7	0.2	1	115	0	153	15	135	0.0	0.0
Handkäse, 1. St.	50	280	70	15	1	0.1	2	200	0	20	25	175	0.0	0.0
Frischkäse, 60 % F., 1 Por.	30	430	100	4	9	0.3	1	26	0	10	11	79	0.2	0.0
Magerquark, 3 EL	75	245	60	10	0	0.0	3	53	0	8	30	233	0.8	0.0
Butter, 2 TL	10	320	80	0	8	0.2	0	1	0	1	1	2	0.0	0.0
Margarine, 2 TL	10	315	75	0	8	1.9	0	1	0	59	0	0	0.0	0.0
Speiseöl, 2 TL	10	390	95	0	10	5.4	0	0	0	0	0	0	0.0	0.0
Mayonnaise, 80 %, 2 TL	10	310	75	0	8	4.3	0	2	0	6	6	8	0.0	0.0

Gemüse, Obst

Lebensmittel	Menge g	kJ	kcal	Prot. g	Fett g	MFS g	KH g	Ca mg	Fe mg	Vit. A µg	Vit. B_1 µg	Vit. B_2 µg	Vit. C mg	Bal. g
Blumenkohl, 1 Por.	200	185	45	5	0	0.2	6	42	1	12	200	200	140.0	4.2
Gurken, 1 Por.	200	90	20	1	0	0.1	4	40	1	50	80	80	15.6	0.6
Karotten, 1 Por.	200	225	55	2	0	0.2	10	80	1	4000	120	100	11.4	6.2
Kohl, sonstiger, 1 Por.	200	205	50	4	0	0.2	7	98	1	46	138	132	113.4	6.0
Paprika	200	160	40	2	1	0.0	6	18	1	200	0	0	210.0	6.0
Tomaten, 1 Por.	200	140	35	2	0	0.2	6	26	1	198	120	80	48.2	3.0
Salat, diverser, 1 Por.	50	25	5	1	0	0.1	1	18	1	75	36	39	6.6	0.7
Apfel, 1 St.	150	290	70	1	1	0.4	15	12	0	12	53	38	14.4	6.0
Birne, 1 St.	150	305	75	1	1	0.2	17	12	0	3	47	47	6.2	3.8
Kirschen, 1 Por.	125	290	70	1	1	0.3	15	26	0	20	61	75	11.6	2.1
Weintrauben, 1 Por.	125	375	90	1	0	0.2	21	15	0	6	56	30	3.8	0.9
Beeren, diverse 1 Tasse	125	180	45	1	0	0.2	9	44	1	24	45	44	73.3	8.4
Orange, 1 St.	150	285	70	1	0	0.1	15	60	0	26	140	47	68.3	2.9
Grapefruit/Pampelmuse, ½ St.	150	175	40	1	0	0.1	14	27	0	3	74	30	60.0	0.9
Trockenobst, 1 Por.	30	325	80	1	0	0.1	18	19	1	20	32	27	0.6	2.9

Brot, Getreideerzeugnisse, Kartoffeln

Lebensmittel	Menge g	kJ	kcal	Prot. g	Fett g	MFS g	KH g	Ca mg	Fe mg	Vit. A µg	Vit. B_1 µg	Vit. B_2 µg	Vit. C mg	Bal. g
Vollkornbrot, 1 Sch.	50	450	105	4	1	0.3	20	48	1	0	115	75	0.0	2.5
Brot, sonstiges, 1 Sch.	50	510	120	4	1	0.3	24	13	1	1	80	41	0.0	2.2
Weißbrot, 1 Sch.	50	530	130	4	1	0.3	24	13	1	0	32	21	0.0	1.4
Knäckebrot, 1 Sch.	10	150	35	1	0	0.1	7	5	0	0	22	18	0.0	0.8
Kleingebäck, 300 kcal, 1 St.	30	370	90	3	1	0.2	17	9	0	0	21	14	0.0	0.9
Feingebäck, 400 kcal, 1 St.	75	1245	300	4	10	0.8	45	50	1	75	62	50	0.0	1.5
Teigwaren, roh, 1 Por.	60	940	225	8	1	0.7	42	14	1	3	85	47	0.0	2.0
Vollreis, roh, 1 Por.	60	935	220	4	1	0.2	45	14	2	0	246	54	0.0	3.1
Haferflocken, 1 Por.	30	460	110	4	2	0.9	20	20	2	0	120	45	0.0	2.1
Weizen, Vollkorn, 1 Por.	60	825	195	7	1	0.6	36	24	2	30	180	90	0.0	5.4
Kartoffeln, 1 Por.	250	830	200	5	0	0.2	42	25	2	5	275	108	41.8	5.0

Süßwaren, Getränke

Lebensmittel	Menge g	kJ	kcal	Prot. g	Fett g	MFS g	KH g	Ca mg	Fe mg	Vit. A µg	Vit. B_1 µg	Vit. B_2 µg	Vit. C mg	Bal. g
Nüsse, 2 EL	30	805	195	5	17	3.4	3	50	1	1	142	107	0.5	3.0
Marmelade, 2 TL	10	115	30	0	0	0.0	7	3	0	0	0	0	0.3	0.1
Zucker, 2 TL	10	165	40	0	0	0.0	10	0	0	0	0	0	0.0	0.0
Honig, 2 TL	10	125	30	0	0	0.0	8	1	0	0	0	5	0.3	0.0
Schokolade, 1 Riegel	30	665	160	2	8	0.3	19	40	1	3	26	47	0.0	0.3
Speiseeis, 1 Por.	50	410	100	2	5	0.1	11	67	0	8	16	92	0.0	0.0
Limonaden, 1 Glas	200	350	85	0	0	0.0	21	8	0	0	0	0	0.0	0.0
Wein, 1 Glas	125	395	95	0	0	0.0	3	11	1	0	0	11	0.0	0.0
Apfelwein, 1 Glas	200	310	75	0	0	0.0	1	20	1	0	0	0	0.0	0.0
Schaumwein, 1 Glas	100	315	75	0	0	0.0	3	9	1	0	0	9	0.0	0.0
Bier, 1 Glas	250	500	120	1	0	0.0	12	13	0	0	5	75	0.0	0.0
Obst- u. Gemüsesäfte 1 kleines Glas	125	235	55	0	0	0.1	14	11	0	13	59	24	29.9	0.0
Coffeinh. Getränke 1 kleine Flasche	330	580	140	0	0	0.0	35	13	0	0	0	0	0.0	0.0

LESETIPS FÜR WISSBEGIERIGE, DIE MEHR ÜBER RICHTIGE ERNÄHRUNG ERFAHREN WOLLEN

Wissenschaftliche Grundlagen der „richtigen" Ernährung:

Bäßler, K. H., W. Fekl u. K. Lang: Grundbegriffe der Ernährungslehre (Springer-Verlag Berlin, 1975)

Deutsche Gesellschaft für Ernährung: Empfehlungen für die Nährstoffzufuhr (Umschau Verlag Frankfurt, 1985)

Zum menschlichen Appetitverhalten:

Pudel, V.: Zur Psychogenese der Adipositas (Springer-Verlag Berlin, 1978)

Ernährung bei Stoffwechselerkrankungen:

Deutsche Gesellschaft für Ernährung: Der Mensch ist was er ißt – ein Ratgeber bei häufigen, ernährungsabhängigen Gesundheitsstörungen (Frankfurt, 1987)

Deutsche Gesellschaft für Ernährung: Richtige Ernährung bei Herz-Kreislauf-Erkrankungen und Bluthochdruck (Frankfurt, 1983)

Deutsche Gesellschaft für Ernährung: Richtige Ernährung bei erhöhtem Harnsäurespiegel und Gicht (Frankfurt, 1980)

Tabellen über den Nährwert von Lebensmitteln:

Cremer, H.-D. et al.: Die große Nährwerttabelle (Gräfe und Unzer Verlag München, 1985)

Bormio, M.: Kalorien · Joule, Eiweiß · Fett · Kohlenhydrate tabellarisch nach gebräuchlichen Mengen (Falken-Verlag Niedernhausen, 1986)

Wagner, M., Bongartz, I.: Vitamine und Ballaststoffe, So ermittle ich meinen täglichen Bedarf (Falken-Verlag Niedernhausen, 1985)

REGISTER

REZEPTVERZEICHNIS

CIP-Kurztitelaufnahme der Deutschen Bibliothek

Menden, Erich:
SLIM: d. individuelle Schlankheitsplan gegen Übergewicht / Erich Menden; Waltraute Aign. – Niedernhausen/Ts.: Falken-Verlag, 1987.
(Falken-Sachbuch)
ISBN 3-8068-4277-9
NE: Aign, Waltraute:

ISBN 3 8068 4277 9

Titelbild: TLC-Foto-Studio GmbH, Bocholt
Fotos: Ingrid Gabriel, Wiesbaden: Pflaume, S. 37; Edith Gerlach, Frankfurt a.M.: Wassermelone, S. 37; Jacques Hartz: Kirschen, S. 37, 97; Sylvestris Fotoservice, Kastl: S. 24/25; TLC-Foto-Studio GmbH, Bocholt: alle restlichen Fotos.

Satz: Studio Oberländer, Wiesbaden
Druck: Mainpresse Richterdruck, Würzburg

817 2635 4453 6271